おじさんの定年前の準備、定年後のスタート

今こそプロティアン・ライフキャリア実践！

プロティアン株式会社代表取締役 金澤美冬

SOGO HOREI PUBLISHING CO., LTD

はじめに

はじめまして。
おじさん専門ライフキャリアコンサルタントの、金澤美冬と申します。
おじさんによるおじさんのためのセミナーやおじさんＬＣＣ（ライフキャリアコミュニティ）を運営し、50～60代の男性が定年前の準備をしたり、定年後にセカンドキャリアをスタートする応援をしております。

そのような活動をしているのは、キャリアコンサルタントとしての想いからだけでなく、サラリーマン時代に散々「おじさん」と呼ばれる年代の方々にお世話になってきて、今度は自分が恩返しをしたいという想いから始まりました。

定年まで頑張って働いてきた方々、すごいと思います。組織のためにと自分の気持ちに蓋《ふた》をしたことや、苦い思いをしたことも一度や二度ではないはずです。それなのに、あまり褒められることもなく退職し、その後は家族に疎《うと》まれたり……もっと褒められたっていいじゃないですか!? そう思っているのは、きっと私だけではないはずです。

この本には、そういう「おじさん」を労《ねぎら》い、励まし、応援したいという想いが込められています。

はじめに 2

第1章 見えない10年後。しなやかに対応できる「自分軸」作りを

10年前と10年後の社会 10
ちょっとやってみる 12
「しょうがなく付き合ってあげた」と言われた定年後の旦那さん 16
「旦那さんの30年」と「奥さんの30年」 18
「仕事＝我慢」？ 20
生きがいと幸福感——男性と女性 23
キャリアとライフキャリア 25
コラム① 「おじさん研究家」から「おじさん応援家」へ 26

第2章 定年前後に効くプロティアン

プロティアンとは何か 30
プロティアンの実践は、早ければ早いほうが良い 44
人生の「棚卸し」をしてみましょう 46
目標設定と現在地 52

他者内省（サービスとしてのキャリア） 58
メタ学習（「学び方」を学ぶ） 61
行動によって実現の可能性を高める――ハップンスタンス 63
コラム② プロティンはしなやかな筋肉、プロティアンはしなやかなキャリア 65

第3章 定年後、組織外キャリアを築くための行動
従来のキャリア形成に、組織外の人間関係は不要だった？ 68
「行動」は二つ 70
友人で構成される人的ネットワーク〝ポッセ〟を得る 83
コラム③ 「おじさんＬＣＣ」は安心・安全でライフキャリア開拓が目的のコミュニティ 85

第4章 パラレルキャリアの実践
パラレルキャリアの目的 90
パラレルキャリアへの抵抗感 92
副業、複業（収入を得る場合） 95
「副業禁止」の場合の抜け道 103
ボランティアとプロボノ 105

コラム④ プロティアンとの再会 108

第5章 7名の事例～現在進行形インタビュー～

定年退職後は、「社会貢献」の実感を得られる職に就きたい
――じぃさん（58歳／役職定年まであと2年・定年まであと7年） 114
〝ザ・ダメリーマン〟が亡き父の手紙を見て一念発起！
パラレルキャリアを実践する〝片付けパパ〟に
――大村信夫さん（47歳／定年まであと13年） 123
「死ぬまで現役」でなければ、マグロと同じですぐ死んでしまうと思います
――石井義之さん（46歳／定年まであと11年） 137
ファッションに無頓着なおじさんをオシャレに……
定年後はイメージコンサルティングで起業を目指す
――坂井二朗さん（53歳／定年まであと7年） 151
サラリーマン生活からマインドチェンジを 定年後は特に〝自分らしさ〟を追求
――百中宏幸さん（64歳／定年後再雇用、65歳退職後は起業を目指しリ・スタート） 163
航空自衛隊在職中、大学卒業・行政書士資格取得
退職後に切り開いた〝日本語教師〟の道
――竹丸勇二さん（60歳／定年から6年） 175

定年退職2年前より準備をし、定年後1年半で仕事につながった
――三井宏文さん（62歳／定年から2年） 186

第6章 定年後の働き方のパターンとは？
定年後の働き方は人それぞれ。自分にあった働き方を
どんな仕事をするか 200
定年後の最適な「働き方」 209
「働かされキャリア」と定年後の「働き方」は違う 221
コラム⑤ 私には友達が少ない 223

第7章 ライフキャリア～家族と傾聴～ 224
コラム⑥「私の父と私の夫」 235
「プロティアン」対談 田中研之輔法政大学教授×著者 金澤美冬 238

おわりに 258

〈編集協力〉　松田義人（deco）
〈装丁〉　木村 勉
〈本文デザイン・図表・DTP〉　横内俊彦
〈校正〉　矢島規男

第1章

見えない10年後。しなやかに対応できる「自分軸」作りを

10年前と10年後の社会

この本の企画を始めた2020年は、日本だけでなく世界中が新型コロナウイルスの感染拡大に翻弄された年でした。1年前、数ヶ月前には誰も予測することができない事態へとなりました。これに伴い、新しい働き方や新しい生活習慣が一気に浸透しました。私はこの新しい働き方や新しい生活習慣の全てが悪いものだとは考えておりません。むしろ、良かったと思うこともあります。その一つがリモートワークです。例えば、打ち合わせです。〝対面〟が当たり前だったコロナ禍《か》以前は、1日に多くても2~3件しか打ち合わせができませんでした。しかし、リモートワークで大半の人が在宅で仕事をするようになったことで〝オンライン〟での打ち合わせが主流となり、より多くの打ち合わせを行えるようになりました。

セミナーなど学びの場への参加も容易になり、開催場所なども気にせずに気軽にできるようになりました。私が運営するコミュニティ「おじさんＬＣＣ」もオンラインのため、関東以外の方からもたくさんのご参加をいただいています。もちろん、移動に伴う交通費もかかりません。人と直接会って話ができないことは確かに寂しくもありますが、時間やお金の面を考えれば良いことしかないように思います。

また、コロナ禍よりもさらに遡《さかのぼ》ること10年前には、今ほどのスマートフォンの進化やＳＮＳの浸透など世界的に進んでいる新しい社会作りの取り組みを、多くの人が想像できなかったのではないでしょうか。もちろん、私もそうでした。身近なところで言えば、当時はYouTubeも今ほど盛り上がっておらず、Uber Eatsもありませんでした。サブスクリプションも盛り上がりはありませんでした。たった10年で、これだけ世の中が変わってしまったのです。

有識者であっても全く予測ができないことが次々と起きている今ですから、私に予測ができるはずもありません。そう考えると、この先の10年もさらに速いスピードで世界は進化し、想像できないようなことが起こり得るように思います。それまでのセオリーが、〝新しい別の何か〟に転じられるケースが多く出てくるのではないでしょうか。

「ちょっとやってみる」

リモートと言えば、最近こんなことがありました。学生の頃からの付き合いで、毎年、年末に忘年会をしている友人四人がいるのですが、コロナ禍のため「ＺＯＯＭ飲み」をしようと提案したときのことでした。友人のうち三人は「しよう、しよう！」と乗り気でしたが、一人（39歳男性・国家公務員）は「うーん、居酒屋でなければやらなくてもいいんじゃない？」と乗り気ではない様子でした。聞いてみるとＺＯＯＭというものをやったことがなく、どういうものか想像ができないようでした。

それでもＺＯＯＭの便利さをほかの友人とともに力説し、何とかＺＯＯＭ飲みを敢行することになりました。初めての彼のために「当日までに一度ログインだけしてみたほうがいい、３分あればできるから付き合うよ」と伝えたのですが、気乗りしない様子です。結局当日になり、19時開始に彼がなかなか入って来られず（ビデオや音声がオンにならない）、全員が揃って開始できたのは30分後でした。それもしっかり者の、彼の奥さまが登場し、つないでくれたのでした。お腹が空いていた皆からは、奥さまへの賛辞と彼への罵詈雑言《ばりぞうごん》が飛び交いました。

彼自身は国家公務員になりたいという想いを強く持ち、30代になってから国家試験に合格した努力家で、確かにちょっと天然なところはありますが、尊敬すべき友人です。きっと国家公務員になって数年、組織に適応しようと邁進していて、だからこそ、組織に集中するあまり、組織外で起こっていることが後回しになっていたかもしれません。

サラリーマンは1日のうちの大半の時間を組織に預けるため、それでも仕方がないようにも思います。しかし、時代の移り変わりや今回のコロナのように想像できない事態が起こったとき、組織からもらう情報だけではこれからの時代は立ち行かなくなってしまうのではないでしょうか。ＺＯＯＭだけではなく、ほかのことにも言えることだと思います。特に、**これから数年後に定年を迎える方にとっては、組織以外からも情報や刺激を受ける場所を確保しておかないと、定年退職後、何も情報が入ってこなくなってしまう**こともあり得ます。

本質的な意味で〝自分〟の資質をアップさせるとは、これまでの経験だけでなく、常に**新しいものを受け入れて学び、実践する**ことなのではないかと思います。特に目まぐるしく変わるであろう、向こう10年を意識して考えれば、今のうちから実践する・しないで、**同世代の方や似かよったキャリアを持つ方同士であっても、後の人生に大きな差を生み出す**のではないかと思っています。

ただ、「常に新しいものを受け入れて学び、実践する」と言っても、そう簡単にできない人がいることもよく分かります。女性と比べ、男性のほうが繊細で「傷つきたくない」という人が多いようにも思います。女性は何歳になっても興味を持てるものがあれば「ちょっとやってみようかな」と軽やかに実践できるのに対し、男性は「やってみて失敗したらどうしよう」「知らない世界でバカにされたらどうしよう」と考え、及び腰になる人が多いのかもしれません。

「会社」という組織では「会社を守る」ことが第一優先になり、結果的に「失敗をしないようにすれば、それ自体が成功だ」といった雰囲気さえ持っている企業も見受けられます。

そういうコミュニティに何十年もいると、「失敗するかもしれない」「傷つく可能性がある」「バカにされる可能性がある」といった〝リスク〟への挑戦はそう容易《たやす》くできないようにも思います。しかし、いずれにしても定年退職をするときが必ず来ます。〝会社での自分〟を守り抜き定年まで外の社会を知らず、そして、定年をしてからも何も実践せぬまま過ごしていることこそがリスクです。便利なもの、自分にとって徳な情報を逃してしまい、現状維持どころか衰退してしまう可能性のほうが高くなるのです。

「しょうがなく付き合ってあげた」と言われた定年後の旦那さん

学生時代の話です。母と一緒に旅行会社のパックツアーでイタリアに行ったことがありました。パックツアーなので、私と母以外の10組くらいの人たちと一緒に移動する時間がありました。ツアー客のうちの1組に、定年退職された旦那さんとその奥さんのご夫婦がいました。普通の旦那さんとちょっと派手な奥さんという印象のお二人でした。

その奥さんと話をする機会があったのですが、このイタリア旅行だけでなく、国内外の各地にお友達と旅行に行ったり習い事をしたりと、日々生活を楽しまれているようでした。そして、ヴェネツィアでイカスミパスタを食べているときに、「今回のイタリア旅行、本当はこの人なんかと来たくなかったのよ。でも、この人には友達が一人もいないでしょ。一緒に旅行に行ってくれる人なんて誰もいないから、しょうがなく付き合ってあげたのよ」と旦那さんのことを言うのです。

その話を聞いたとき、私は「え？　何で？」と疑問を感じました。旦那さんが頑張って働いてくれたおかげで、奥さんの贅沢な暮らしができているはずなのにと。実際、そのイタリア旅行でも奥さんがグッチの鞄を爆買いされている間、旦那さんはスペイン広場で黙ってジェラートを頬ばり所在なさげにしていました。

聞けば、この旦那さんはかつて大企業に勤めていたらしくて、しかも役職にも就いていたバリバリのサラリーマンだったそうです。当時の私は「バリバリ働いてきた人は、定年後もアクティブな生活が続くものではないか」と漠然と思っていたのですが、さらに聞くと、普段の旦那さんは家でテレビを見て寝ては起きる……という生活を送られているとのことでした。

「旦那さんの30年」と「奥さんの30年」

前項の話を50代サラリーマンの方に何度かしてきたのですが、大体が「それは悲惨だ」と笑って終わりでした。似たようなことがあと10年もしたら自分にも迫ってくるなんて、思ってもみないのでしょう。

サラリーマンの方は「お金を稼ぐために仕事に集中したい」と30年働き続け、その間、奥さんは家事や子育てをして、もちろん旦那さんのサポートもしてきたはずです。言い換えれば、旦那さんの「仕事に集中した30年」は奥さんにとって「旦那さんがかまってくれなかった30年」でもあると思います。旦那さんと奥さんの間では、こういったすれ違いがあると思います。そんな時期を経て、定年になり旦那さんから「やっと仕事が終わったから、何でも話を聞くよ」と言われても、「今さら何!?」「30年あなたのペースに合わせて、これから先もまたあなたに合わせなくちゃならないの？」となるのは当然なのかもしれません。

ここで私が好きな本を紹介します。『あ、定年かぁ・クライシス』原沢修一（ボイジャー）という本です。企業でバリバリ働き部長職を得たものの、55歳で役職を解かれ後進に役を譲った後に58歳で早期退職をされた方の話です。著者の原沢さんは退職当初、「自由という名の『男のロマン』を手に入れた」心境で、家族からも「お父さんよく頑張ったね、ありがとう」と労ってもらえると考えていました。しかし、いざそのときを迎えると、奥さんや娘さんからは「明日からどうするの？」と思ってもみなかった言葉に呆然としてしまったそうです。

原沢さんは自分が「サラリーマン時代は、プロデュースされた人生を歩んできただけだったのかもしれない」と気づきます。以降、測量士のアルバイトをしたり、キャリアコンサルタントやシニアライフアドバイザーの資格を取得したりとセカンドキャリアを手に入れていくのですが、容易いものではなかったようです。非情ではあるも極めて現実的な話が続く本ですが、笑いを交えて面白く綴られています。定年前後の方におすすめしたい本です。

#「仕事＝我慢」？

次に「仕事」についても考えてみます。数年前からよく耳にする「人生１００年時代」「老後２０００万円問題」などにもある通り、サラリーマン生活を終えて悠々自適な老後を送れるのは限られた人だけです。大半の人は定年退職後も何らかの仕事に就かないと、１００年も生きられず２０００万円どころか減っていくだけの貯金にジリジリするだけになってしまうのではないでしょうか。一般的に老後の三大不安とされるのは、お金・健康・孤独と言われています。それなら「お金を使う機会を減らしてお金を稼ぐ機会を増やす」ことと「体と脳をさびつかせる機会を減らして体と脳を動かす機会を増やす」こと、つまり定年後も働き続けることが不安から遠ざかる一番の道ではないでしょうか。それに、働いていれば孤独ではなくなります。

しかし、定年退職をされた方、または現役サラリーマンの方が〝第二の仕事〟を探す際、「そんなのは俺のやる仕事じゃない」「やりたい仕事がない」と、職種を絞れぬまま時間だけが過ぎていくケースをよく見聞きします。こういった方は「俺のやる仕事は何なのか」を、ここで突き詰めて考えてみませんか？　仮に、定年退職後「起業はリスクがあるからイヤだ」「掃除のアルバイトはイヤだ」「ビル管理のアルバイトはイヤだ」といった「イヤな仕事」ばかりが目につくようでしたら、何がイヤなのかを自分に問いかけてみましょう。「起業はリスクがあるからイヤ」というなら「リスクのない起業ならいいのか？」「そもそも俺にとってのリスクって何？」などと深掘りしていくのです。こういったことを考える際も、前述のような「傷つきたくないマインド」が出てくるかもしれません。そこで、今一度よく考えてほしいです。**「守るべきものは何なのか」**をです。企業に勤めていたときは、「自分の会社での立場を守らなければならない」「会社を守らなければならない」といったことを考えていたと思います。しかし、定年退職後は守るべき会社やその中での立場などありません。「守るべきもの」に捉われて、次のキャリアに踏み出さないのはもったいないです。

ここで併せて触れておきたいのが、**定年後の「仕事」では「我慢する」ものは選ばないほうが良い**ということです。定年間近の方に「退職後、どんなことをされたいですか?」と尋ねると、「のんびり遊んで暮らしたい」という声をよく聞きます。言い換えると、サラリーマン生活の中で「今まで我慢して仕事をしてきたのだから、もうのんびりしたい」ということだと思います。こういった話を聞く度に「きっと今までやりたくないことでも頑張ってこられたんだな」と思います。だからこそ、定年退職後の仕事は楽しいものを選ぶほうが良いのではないでしょうか。その「楽しい仕事」を見つける旅に出るつもりで、自分が「やりたいこと」「やりたくないこと」を熟考し、深掘りしていくことが良いのではないかと考えます。「やりたくないことをやるからお金がもらえるんだ」「苦労こそ仕事」みたいな「我慢の美学」はもうやめて、「楽しい仕事」を見つけてみてください。

他方、定年退職後「のんびり遊んで暮らす」だけで平気な人は、十人に一人といった調査結果もあります。十人に九人は定年をして2ヶ月で飽きてしまうそうです。「のんびり遊んで暮らす」という「その場限りのハッピーな感覚」では満足感を得られないようです。だからこそ、楽しい仕事や本当に生きがいを感じられる仕事を見つけるべきなのです。

生きがいと幸福感――男性と女性

『夕刊フジ』代表の方とお話をさせてもらう機会がありました。「男性にとって、働くということはとても重要な位置を占めていて、定年者に向けた企画を考えたときに、趣味関連ではあまり人を集めることはできなかった。でも、働くことに関する企画であればかなり興味を持ってもらえている。もう、のんびりと余暇を過ごそうと思っている人のほうが少ない。やはり、男性にとっては社会との接点や承認欲求が本当に重要なことだと感じている」とおっしゃっていました。

今、私のまわりの50～60代も次の挑戦へのエネルギーに溢れていて、「ここまで頑張ったから、あとはのんびりしよう」などと思ってはいなく、「ここから第二の人生に乗り出すぞ！　面白い仕事を見つけたい」と言う方のほうが多いです。働くということが、男性には存在意義に関わる大事なことなんだと改めて感じています。それは自分のためであり、家族にカッコいい自分を見せるためでもあり、社会のためでもあるようです。

逆に、女性は趣味でお料理教室に通う、みんなでお茶をするといったことでもエンジョイできるようです。しかし、男性がそれを目指しても、それだけでは満たされないことに定年を迎えてから気づくことが多いのです。女性はその場の「幸福感」を味わい満足することができる。男性はその場の「幸福感」だけでは満足できない。存在意義や「生きがい」のようなものがないと満足できないんだと思いました。

「人生100年時代」と言われる今、これまで組織内で頑張ってきた姿勢とは違う、あなたにしかできない「生きがい」を見つけ実践されることを、私は応援していきたいと思っています。

「キャリアとライフキャリア」

キャリアとライフキャリア、言葉は違いますが意味は同じです。キャリアという言葉を単なる「仕事」として捉えるのでなく「人生そのもの」と捉える考え方を、１９５０年代に米国のドナルド・Ｅ・スーパーが「ライフキャリア・レインボー」理論で提唱しています。ただ、どうしても「キャリア」というと「仕事」「組織内キャリア」が思い浮かんでしまう方が多いと思うので、私は「ライフキャリア」という言葉で伝えることが多いです。そうすると、仕事のみならず家族、趣味、遊び、コミュニティ、人間関係……生涯の全てが含まれているイメージができるからです。だから、この本のタイトルにも「ライフキャリア」という言葉を使用しましたし、運営するコミュニティも「おじさんＬＣＣ」（ライフキャリアコミュニティ）としています。

コラム① 「おじさん研究家」から「おじさん応援家」へ

私は大学卒業後、三菱倉庫という物流会社に就職しましたが、そこはおじさんの宝庫でした。深く記憶として残っていることに、「おじさん」方との交流があります。大先輩であるおじさん方は、普段は真面目に仕事をされています。しかし、飲みに行くと途端におじさん方はお茶目でかわいらしくなり、会社とは違う顔を見せる方が多くいらっしゃいました。20代の女性平社員からは雲の上の存在に思える支店長や副支店長が、カラオケで『青い山脈』をエロい替え歌にして嬉しそうに歌っていたりするのです。そんなおじさん方の別の顔を見るにつれ、「こんなに立派なサラリーマンに見えるのに、根底は中学生男子のまま変わってないのかも」と、まるで年の離れた弟を持ったような親近感を抱くようにもなりました。こうやっておじさん方と過ごせた時間は、私にとって本当に楽しい思い出です。

このような経験から私の〝おじさん好き〟が始まりました。もちろん変な意味ではないのですが、おじさんの様子や素顔が気になるようになりました。『おじさん図鑑』

なかむらるみ（小学館）という、いわばおじさんの生態図鑑のような本を愛読していることを、同世代の友人に知られた際はドン引きもされました。それでも私にとって、おじさんは珍重・賛美の対象でした。ですので、私がここで〝おじさん〟と呼ぶのは、「親しみを込めて」だと思っていただければ幸いです。実際に接する方々に面と向かって「おじさん」と呼びかけたことは、親戚の伯父さんや叔父さん以外に一度もありません。

ただ、「おじさんという言い方は何だ！」という意見があることも確かです。実際、「おじさんによるおじさんのためのセミナー」や「おじさんＬＣＣ」を始めようと思ったときも、「そんなひどいネーミングはやめたほうがいい」「おじさんなんて失礼だ。ミドルやシニア、中高年といったまともな言葉を使いなさい」と何人かに言われました。しかし、学びやキャリアをしゃちほこばってやらなくてもいいんじゃないか、もうちょっと気軽に立ち寄れる立ち飲み屋的なセミナーやコミュニティがあってもいいんじゃないかという想いがありました。堅苦しくなく本来の自分をオープンにして楽しめる場所が作れたら、その場所こそライフキャリア開拓に適していると思うのです。組織で働いているときのように、自分に鎧《よろい》を着せて本来の自分よりもっと良く見せようとしたり、ほかの人からの評価を気にしてしまうと、本当にやりたいことや、自分にできることを見つけることは難しいからです。

安心・安全な場所で、誰からも批判されず、自分自身を見つめ直し、ときには（良い意味で）人と比較し自分について新たな発見があったり……。そんな場こそ、長年組織で働いてきたおじさんを労い、定年に向けた準備や定年をしてからのスタートを応援するために私ができることだと信じてやっています。しかも嬉しいことに、このような場を作ったことで「おじさん情報」が私にどんどん集まってきます。おじさんの応援家としても、研究家としても活動を継続していけそうです。

次章では、「プロティアン・キャリア」という考え方についてお話をしていきます。「組織任せのキャリア」ではなく「自律的なキャリア」を提唱しており、まさに、これから定年を迎えたり既に定年を迎えられた方にピッタリな考え方だと思っています。なぜなら、定年を迎えたらイヤでも組織任せのキャリアとはおさらばしなければならないからです。自分で自分のキャリアを開拓する必要があるからです。「定年したらＴＶの前でゴロゴロして１日を終えることが目標なのだ!!」という方以外は、ぜひ今から一緒に学んでいきましょう。

第2章

定年前後に効くプロティアン

「プロティアンとは何か」

「プロティアン・キャリア」とは、1976年にボストン大学のダグラス・ホール教授が提唱した考え方です。**環境の変化に応じ、自分軸を持って自分自身を変化させていくという柔軟でしなやかなキャリア形成のこと**を指します。組織から離れ定年後もずっと生きがいを持って生きていきたい場合、このプロティアンは言わばその処方箋のようなものです。それまでのキャリアとは違う、**人生そのものを豊かにさせること**を目指す上でとても役立つと思っています。

私はこの理論から強い感銘を受け、また定年後のセカンドキャリア形成には特に役立つ考え方ではないかと思い、現在代表を務める会社の社名もプロティアン株式会社としています。前項のコラムでも触れた通り「おじさんのライフキャリア開拓を応援したい」という真剣な思いで事業を行っていますが、人によっては「筋肉増強のための会社をやっているの？」「プロテインの金澤さん」と間違えられることもままあります。誤解を解くためにも、プロティアンについて説明させてください。

プロティアン・キャリアとは、キャリアを「組織」に預けるのではなく「自分」主体で開拓していくためのメソッドです。ホール教授は1996年には『プロティアン・キャリア　生涯を通じて生き続けるキャリア―キャリアへの関係性アプローチ』尾川丈一ほか監訳（亀田ブックサービス）という本を出版しています。タイトルに〝生涯〟としていることからも、このプロティアンを実践・行動することで、広い意味でのライフキャリアはより充実したものになるだろうと考えています。さらに、この本の原題は『The Career Is Dead（キャリアは死んだ）』というドキッとするようなタイトルになっています。つまり、「ザ・キャリア」いわゆる旧来の「組織内キャリア」は既に終わっている。これからは新しい「プロティアン・キャリア」だ、ということです。では、旧来の組織内キャリアとプロティアン・キャリアを比較してみましょう（図1）。

まず、これまでのキャリアでは**主体者が組織**でした。そもそも**「キャリア開発」**という言葉も、組織が従業員の能力・スキルを向上させて組織が成長するためにできた言葉だと思います。しかし、**プロティアン・キャリアでは主体者が個人**です。だから私は**「キャリア開拓」**という言葉を使うことで、個人が主体者で主役ということを意識するようにしています。そうなると、組織はあくまでも土台であり舞台であり、個人の成長ややりがいを見つける場を提供してくれるところという解釈ができます。

現役時代は上司からの指示や社内で掲げられた一定の目標・課題に対して取り組み、それらをクリアしていくことで組織内キャリアを高めていくことができました。つまり、組織が用意してくれたニンジンに対し、それを追いかけ続ければ

図1　旧来のキャリア（組織内キャリア）とプロティアン・キャリア

項目	旧来のキャリア（組織内キャリア）	プロティアン・キャリア
主体者・主役	組織（キャリア開発）	個人（キャリア開拓）
核となる価値観	昇進・権力	自由・成長
目指すもの	地位・給与	心理的成功

一応は組織内キャリアでのレースを完走することができたということです。

しかし定年後は、もう誰も目標や課題を与えてくれません。目標や課題のみならず目的も自分自身で設定しなければなりません。自分自身を高め、定年後もずっと生きがいを得ていくためには、とどのつまり**「自分軸」で考え、学び、行動していくしかない**のです。

次に、**核となる価値観や目指すものについて**です。

旧来のキャリアでは昇進、権力、地位、給料という数字や肩書といった目に見えて分かりやすく、階段のようにステップアップしていくものでした。一方、プロティアンでは自由、成長、心理的成功になりますので主体者自ら価値観を探り、自分にとっての成功とは何かということを生涯に渡って実践していかなければならないのです。「本当に生きがいを感じることは何か」「心理的成功を得られるものは何か」に重点を置き、その目標に向けて実践し続けること。それこそがライフキャリア開拓に必要なことであり、そのためにプロティアンをメソッドとして実践していくべきだと私は考えています。

私なりの解釈になりますが、ここでプロティアンを詳しく紹介します。

心理的成功

プロティアン・キャリアでは、従来のキャリアで重要だとされた**組織内での昇進や地位や権力ではなく、個人の心理的成功が重要**だとしています。では、心理的成功とはどのようなものでしょうか。肩書や給料とは違い、数字や外的な基準で一目瞭然のものではないだけに難しいです。

私は新卒で入社した三菱倉庫で6年目のときに、「私、昇進したいと思っていない。地位とか権力とか出世のスピードとか、負け惜しみでなく本当の本当に心から求めていないいんだ」ということに気づき、ちょっとした絶望を覚えたことがありました。なぜなら、私は中学校では学年1位を目指して勉強に取り組み、高校でも早稲田大学政治経済学部を目指して頑張ってきて、大学の就職活動では一部上場企業を目指して活動して、会社でも同じく定量的な分かりやすい目指すものが必要だと思っていたからです。目指すものがない私。上を目指すときのワクワクを、もう二度と人生で経験できないいんじゃないかと本当にショックでした。

振り返って考えたときに、私の中で疑問が生まれました。今まで上を目指してきたのは、誰かに強制されたものではなく（親の期待に応えたいという気持ちはありましたが）、自分でやりたくて上を目指してきた。その自分の気持ちやバイタリティは嘘ではなかったはず。上を目指すことも私の心理的成功の一つだったと感じたからです。そう思ったとき、同じように今までサラリーマンとしてやってきた方が、昇進や権力を追い求めたり、肩書などで誇らしく思ったり、確かな達成感を感じたりした感情は、どう解釈すればいいのでしょうか。

私自身、その解釈について戸惑っていました。旧来のキャリアとプロティアン・キャリアを比較するものの、キッチリ分けられないような気もしました。そんなときに読んでいた『ワイズカンパニー　知識創造から知識実戦への新モデル』野中郁次郎ほか（東洋経済新報社）に「暗黙知と形式知」という図があり（図2）、これと同じように「心理的成功」についても解釈すると、なぜか納得がいったのです（図3）。つまり西洋の場合、二元論（主観と客観、心と体、精神と物質など）で考えることが多いが、日本では相互作用的（心と体は一つ、人間と自然は一つ）などと考える場合が多い。西洋のように心理的成功か否かということではなく、根っこに心理的成功があると考えると日本人の私にはしっくりきたのです。だからこそ、顕在化していて分かりやすい氷山の一角（肩書、昇進、権力を求める自分）の下にある、潜在していて分

図２　暗黙知と形式知

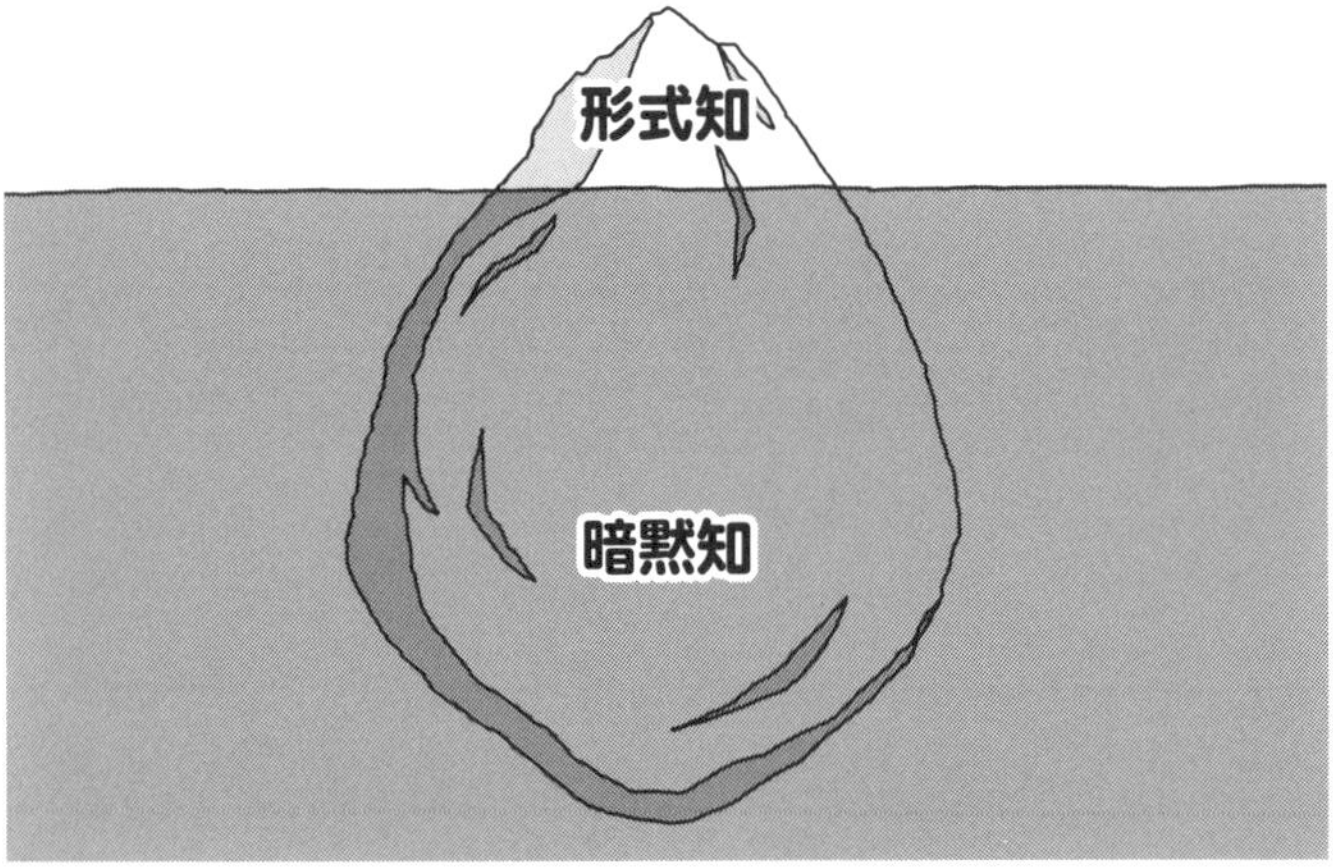

図３　地位・肩書・権力と心理的成功

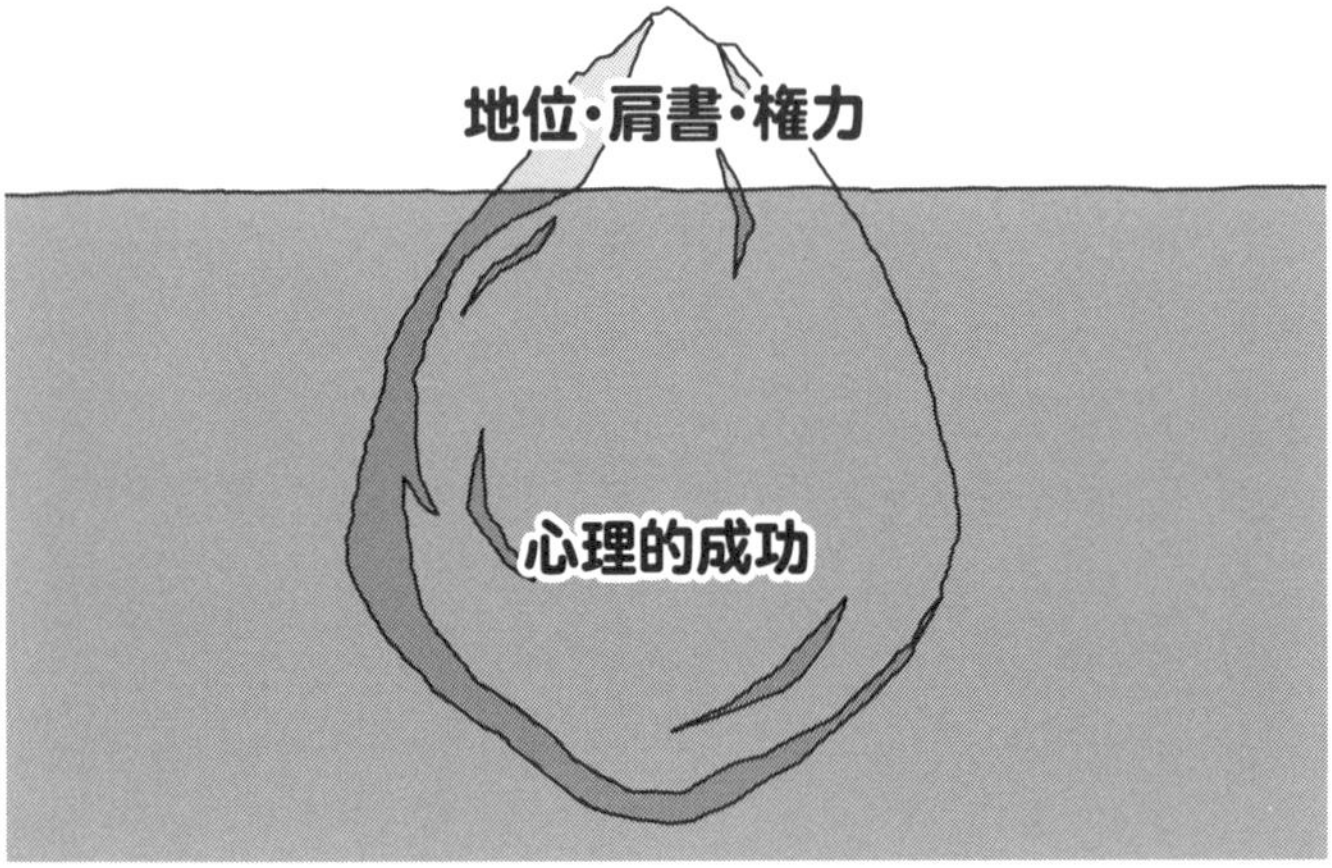

かりにくい感情がどんなものか、ということまで自分で探っていかなくてはなりません。

しかし、潜在化していて明確に言葉にしたり人に伝えたりするのが難しいことを、どうやって探って追い求めていけばいいのでしょうか。何をしたら幸せで、何をやりたくて、どんな環境だと居心地が良くて、誰といると嬉しいのか――。そういうことなんだと思いますが、何だかフワフワとしているため、ずっとサラリーマンをやってきた方は、「明確な目標を数値でくれ！」と言いたくなってしまうかもしれません。しかも、それは個人によっても、時期によっても違う。30歳のときの、40歳のときの、50歳のときのそれではまた違ってくる……。そこで、ホール教授は**心理的成功にはアイデンティティとアダプタビリティが必要**だと言っています。

アイデンティティとアダプタビリティ

アイデンティティとは自己の価値観、興味、能力などに対する自己理解、つまり**「己を知る」ということ**です。私自身、サラリーマンとして上を目指したいという想いがない自分に絶望した際に、棚卸しと言うと大げさですが、何が好きで何が苦手でということを改めて考えてみました。「営業として人と話すのが意外と好き」「職場で困っている人がいたら、絶対に助けたいと体が勝手に動く」「倉庫の坪計算、嫌いだし苦手」「パソコンも何となく苦手」などと書き出してみました。結果的に三菱倉庫を辞め、キャリアコンサルタントを目指すことになったのでした。

次に、アダプタビリティですが、変化する環境に対して反応学習、探索と統合力、そしてその状況に適用させようとする意欲、つまり**「社会を知り、適応させる力」のこと**です。キャリアコンサルタントを目指した私の場合ならば、「どうやったらなれるのか」「キャリアコンサルタントの働き方とはどんなものがあるのか」「どんな需要があるのか」を知ることから始め、さらにどんなことをすれば良いのか考え、そして、私はどのようなことをすれば良いのかを考え、実行していくということです。

アイデンティティ × アダプタビリティ ＝ 心理的成功

このアイデンティティとアダプタビリティは、**どちらかだけが高くてもプロティアン度は高まらない**という点は重要です。例えば、アイデンティティが高くてもアダプタビリティがゼロで社会や環境に全然適応しないならば、ただの宝の持ち腐れで停滞する一方です。逆に、アダプタビリティが高くてアイデンティティが低ければ節操がないカメレオン状態です。では、具体的にアイデンティティを高めるためにはどうしたらいいのか？　アダプタビリティを高めるためにはどうしたらいいのか？　のちほど具体策をお伝えしていきます。

関係性アプローチ

ホール教授は個人のキャリア形成を促進する資源の中でも、特に他者との人間関係が重要だとしています。なぜなら、個人の学習にとても大きな影響を与えるものだからです。**キャリアは孤独の中で形作られるものでは決してなく、周囲との関係性のネットワークの中で相互に影響を与え合って構築されている**のです。

そのため、これからの時代の組織では、かつてのように従業員のキャリアを組織主導でマネジメントするのではなく、従業員がアイデンティティやアダプタビリティを自律的に発達させるための機会を作ることが大切になってきます。組織もそうですが、私のようなキャリア専門家の役割というのは、そういったキャリア発達に必要な人間関係を取り持ったり促進する場を作ることだとホール教授は言っています。

私自身、自分のライフキャリア開拓に何が効果的だったかを振り返ったとき、キャリアコンサルタントの資格を取得するために通った講座が思い浮かびます。講座内容もそうですが、何より同じ目的（キャリア資格の取得）や共通項（自分や人のキャリアの支援がしたいという想い、学びや成長への意欲など）の仲間との関係性ができたことが重要です。

その理由の一つ目は、アイデンティティとアダプタビリティを高められるということです。自分と仲間の違いを意識することで自分に対する気づきが得られたり、仲間の考え方に触発されたり頑張っている姿に刺激を受けたりしています。二つ目に、直接仕事につながるということです。例えば、私が転職エージェントとして会社を立ち上げたとき、人材開発会社で働いている切石明子さんからお仕事をいただきました。切石さんにはその後、YouTube のインタビューで定年後の働き方の一つとしてＩＣＴ支援員についてお話をしていただいたりもしています。

ほかにも後述する坂井二朗さんには、「おじさんによるおじさんのためのセミナー」で講師をしていただいたりしています。そうやって仕事につなげていけるのも、数ヶ月もの間ともに勉強をしてきた信頼関係があるからです。そして、その信頼関係はどうやって築かれたかというと、キャリアコンサルタント講座だからこそライフキャリアについてお互いがオープンに話してきたからだと思います。

そして、キャリアコンサルタントではなくても、ライフキャリアについてオープンに話せる場があったらいいなと思いました。それが、キャリアコンサルタントとして「おじさんＬＣＣ」を始めた理由でした。同じ悩みや目標や課題を持った人とライフキャリアの目標や実践したことをお互いに共有していくことが、ライフキャリア開拓に一番効果的だと思ったからです。そして利害関係にない、組織外の人だから安心・安全で自分に正直になれると思いました。私のような出世を考えていない人でさえ、社内で思い切り自示開示をするということはできなかったからです。

変幻自在

もともとプロティアンという言葉は、ギリシャ神話に出てくる海の神様・プロテウスが語源になっています（図４）。プロテウスは、思いのままに姿を変えることができる神様で、「変幻自在に自分自身を変えられること」の象徴として、ホール教授は用いています。

　しかし、ここで誤解が生じることがあります。プロティアンは、変幻自在ということから「私は転職を何回もやっている。その数は他人より多いから、私はプロティアンだ」とか「いろいろなことに手を出せば、それだけ得られるものが多いからプロティアンをすでに実践している」という誤解です。自分軸があり、その上で環境に合わせて変幻自在に自分を変えていくことはプロティアンですが、自分軸を持たず、ただただ環境に流されてその場しのぎで動いているのはカメレオンです。**プロティアンとはあくまでもアイデンティティ、主体性を持った上で**

図4　海の神・プロテウス

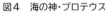

しなやかに自分自身を変えていけることです。言い換えれば、仮に定年後の生活など未体験の環境に自分自身が身を置いても、自分軸で考え柔軟に行動し、自分自身の心理的成功を掴んでいくものだと私は考えています。

「プロティアンの実践は、早ければ早いほうが良い」

プロティアンの実践は、何歳からでも始められます。定年後からでもできます。70歳80歳を過ぎてからでもできなくはありません。ただし、定年退職後に突然「これまでとは違う何かを」「定年後に起業する」「定年後から自分軸を意識して、何かに取り組む」と言っても、その姿勢を作るまでにある程度の時間がかかります。それならば、会社に勤めている間から定年後のキャリアを意識し、実践するほうがリスクは少なく、情報や知見も蓄積されやすいように思います。

また、現役時代のほうが、現在取り組んでいる仕事に照らし合わせて「自分のスキルとは何か」「自分にとって興味があるものは何か」「自分の得意なものは何か」「自分の苦手なものは何か」を見つけやすいとも思います。

つまり、**プロティアンを実践しながらのライフキャリア形成への取り組みは、早け**

れば早いほうが良いと思います。40代からでも「定年後の自分」をイメージし、それに向けて取り組んでいくほうが生きがいや心理的成功を得る近道になるでしょう。

では、具体的に実践していきましょう。

人生の「棚卸し」をしてみましょう

棚卸しと言っても「自分とは何か」を改めて知ることは、容易くできることではないとも思っています。また、歳を重ねるほど、「自分自身と向き合うのが怖い」という声もあります。組織での自分に慣れたせいもあるでしょうし、「傷つきたくないマインド」のような思考が働き、何となくウヤムヤに過ごすほうが楽、と考える方もいるようです。しかし、怖がって何もせずに過ごしていても始まりません。特に定年後は組織が守ってくれないばかりか、組織にいた頃のキャリア――例えば「部長という肩書」「これだけの成績を残した名誉」といったことはあまり役に立ちません。なぜなら、もう組織内の人間ではないからです。つまり、「自分」だけが自分を守ってくれる存在になるわけです。そのためにも、まずは「自分自身と向き合う」作業を怖がらずに一度やってみましょう。いわば、「人生の棚卸し」みたいなことです。

具体的には**ライフキャリアシート（過去）**（図5）に、「仕事内容」「興味」「苦手（弱点）」「学習、趣味、家庭、社外のつながり」「気づいたこと」などを書き出してみます。漠然と考えていたことや経験などが「書き出すこと」で整理されます。実際に書くと、「経験なんて特筆すべきものはないと思っていたけど意外とあった」と気づいたり、「20代の頃から俺は変わっていなかった……」と呆然としたり、「棚卸ししてみて、定年後に使えそうなスキルが何となく見えてきた」とこれからの活動の目標が浮かんできたりと効果が現れてきます。誰かに見せなくても構いません。まずは書いてみてください。

ただ、人によっては辛い作業になるかもしれません。私の場合も「坪計算が苦手なんて、倉庫マンとして終わってる」「パソコンが苦手なんて時代に適応できてない」と、**自分が認めたくないことも認めなければいけないため、なかなか本当のことを書くことがイヤになります。しかし、これから生涯働くとなると、やらなくて良いことはやらないように、なるべく得意なことや好きなことにフォーカスしていくためなのだと割り切って、辛くても書いてみてください。**図6～8は参考までに、「おじさんLCC」メンバーのライフキャリアシートを載せました。

図5　ライフキャリアシート（過去）の見本

	20代	30代	40代	50代	60代
仕事内容					
興味					
苦手（弱点）					
学習、趣味、家庭、社外					
気づいたこと					

図6　2020年3月に定年退職した野毛さんのライフキャリアシート（過去）

	20代	30代	40代	50代	60代
仕事内容	新卒で㈱リコーに入社（自宅近くの沼津事業所配属）。複写機用トナーの生産準備、新工法探索業務担当。入社8年目に別の技術開発部隊へ異動	業務内容は20代と同じ。リーダーとなりテーマを推進、営業同行顧客訪問するようになりました。残業時間180時間／月とかもありました	41歳で法人営業へ異動、新横浜に転勤。技術開発から営業に異動となったことは大きな転機。その後、営業部に17年在籍	58歳で沼津に異動。「工場」「営業」両方の現場を長年経験した後に「品質保証」へという立場は面白いものでした。絶妙な立ち位置で仕事	2020年3月定年退職。翌4月開業届を提出し個人事業主として活動開始（中小製造業支援活動）コロナ真っ只中での船出に
興味	学生時代は理系人間でした。「数学」「化学」「物理」に興味ありました	特にありません（30代から50代まで、日々の仕事の忙しさを理由に学ぶことを放棄してきたかも。現場での経験と勘は積み重なっていきましたが、体系だった学びはほとんどしてきませんでした）			定年後、「マーケティング」「DX」「働き方」などに関心を持って勉強しているところです
苦手（弱点）	運動は苦手でした。学生時代にテニスを、社会人になってスキーを始めましたが、野球やサッカーのように小さい頃からやっていなくても、そこそこ楽しむことができたという理由もあります		国内法人営業に異動になったこともあり、「英語」を使う機会がほぼなく苦手でした	ITリテラシーは、社内でも低いほうだったかも。目の前の業務をこなすことに精一杯で、避けてしまうことが多かったです	化学系出身で、会社員時代も化成品を扱ってきましたが、機械、電子、電気分野の知見が不足していまして勉強中です
学習、趣味、家庭、社外	音楽活動を継続（地元の市民オーケストラでバイオリン）。スキー、テニスを時々		音楽活動継続。新幹線通勤となり市民オーケストラの練習に参加できなくなりやむなく退団。演奏会には参加していました	音楽活動継続。NHK大河ドラマを観るようになり（2012年の『平清盛』からほぼ毎年）、歴史にも興味を持つようになりました	コロナの影響で演奏活動が停滞。コワーキングスペースの緩やかなつながりやコロナ禍でオンラインでのつながりが増えました
気づいたこと			それまでは自分は「理系人間」で「技術系」だと思っていたが、営業に異動して変化が出る。「営業マン」も悪くはないと思うように	「技術がわかる営業」として活躍の場が拡大。メーカーでの主要プロセス（企画・開発・量産・販売）を経験できたのは強みに	退職後「サラリーマンとして自分はどうだったか」を考えましたが、これからどうしていくか考えるほうがよほど楽しいことに気づきました

図7　2022年2月に定年退職予定の百中さんのライフキャリアシート（過去）

	20代	30代	40代	50代	60代
仕事内容	日立グループ内企業A社勤務。工場の生産管理実務・事務合理化（当時OA化）担当	社内営業窓口部門長。その後、生産管理部門長を兼務	3工場の生産管理情報システム刷新担当。44歳のとき、分社（日立グループ内企業B社）。全社情報システム開発保守部門の部長就任（46歳）	日立グループ内企業B（のちのC社）勤務、事業企画執行役員。子会社D社取締役として1年間出向。復帰後、アフターサービス統括部門長に	59歳で子会社E社に転属。60歳で執行役員として販促企画と経営企画担当。63歳で執行役員退任。部長職継続は辞退。同時期にテレワーク開始
興味	好奇心旺盛・トラブル解決（火消し）・効率向上・PC（表計算ソフト）	好奇心旺盛・仕事大好き・トラブル解決（火消し）・効率向上・PC（表計算ソフト）・読書（ビジネス書）	好奇心旺盛・仕事大好き・ITシステム構築（合理化）・営業の在り方・後輩の相談に乗ること・人心掌握	人前で話すこと（克服）・火中の栗を拾うこと・リーダーシップとフォロワーシップ・人を育て活かす（傍を楽に＝働く）・WEBサービス	好奇心旺盛で人を巻き込む・人を活かす経営（感謝と傾聴）・コーチング・オンラインコミュニティで新しい友を増やすことに目覚め・起業準備
苦手（弱点）	飽き性（同じ仕事を3年以上続けること）・人前で話すこと（チキンハート）・長い話を聞くと居眠り	飽き性・人前で話すこと・長い話を聞くと居眠り	飽き性・ええかっこしい・自称、企業戦士で子育てを妻に任せっぱなし	飽き性・伝え方が下手・「押し付けに聞こえるようだが10人中2人理解してくれればいい」が信条	未来のことを1人で心配しすぎる
学習、趣味、家庭、社外	◆学習＝専門雑誌をコピー◆趣味と家庭＝アウトドア（スキー・キャンプ）・音楽。身重の新妻を残し職場仲間と北海道ツアーに行ったことを猛省	◆学習＝ビジネス書と先輩・上司◆趣味と家庭＝部活のあった娘をキャンプに連れ出したことでイジメにあわせたり次男に火傷を負わせたりと猛省	◆学習＝先輩・上司から◆趣味と家庭＝投資を兼ねたアパートをほぼ全額ローンで建て1室に住む。一戸建てでないことを妻に恨まれ猛省	◆学習＝先輩・上司から◆趣味と家庭＝車中泊とアウトドアとラグビー観戦。53歳のとき、バイク事故で次男が死去（20歳）。同年、長女が結婚	◆学習＝幸せとはよい人間関係とめぐり合える書籍・旅・学びをシェアしたい
気づいたこと	両親に似て読書好きの絵画好き。会社行事で先輩とギターを弾き目立つことに目覚める。ラグビー倶楽部に入りチーム競技の愉しさを知る		マイホームや子育てに関して妻と何度も口論、妻が学校行事を優先的に私に振ることで、育児に強制的に協力でき妻に感謝	次男の死は人生最大のダメージ。以来、家庭と仕事の両立にマインドチェンジ。三回忌以降、妻への感謝の気持ちから夫婦旅を始める	サラリーマン人生は最幸だったと言い切れる。サラリーマンのセカンドステージの幸せのために本・旅・出会いのすばらしさをシェアしたい

図８　退職時期を模索中のじぃさんのライフキャリアシート（過去）

	20代	30代	40代	50代	60代
仕事内容	■○×銀システム開発（1社目）・3次オンラインプログラミング■○○銀行（2社目）・システム基盤（メインフレーム）・合併対応	■○○銀行・システムセンター移転・経営統合システム検討・「2000年問題」対応	■○○銀行・システム統合対応■△△コミュニケーションズ（３社目）・某銀行開業対応■××銀行（4社目）・全銀システム接続	■××銀行・インターネットバンキング・コンプライアンス部門・システムセンター勤務	
興味	システムインフラの設計・OSなどの仕組み	インターネット（windows95）	子どもの進学心配	家族との時間・定年後のセカンドキャリア	
苦手（弱点）	銀行の本業関係・接客など	人前で話すこと	人前で話すこと・銀行の本業関係	人前で話すこと・銀行の本業関係・大腸がん手術	
学習、趣味、家庭、社外	■第一種情報処理技術者■草野球■結婚、長女・次女誕生	■なし■アマチュア無線（パケット通信）■バーベキュー・旅行	■なし■アマチュア無線■家庭内で役立たず	■金融コンプライアンスオフィサー1級・神奈川県地域限定保育士・第二種電気工事士・情報処理安全確保支援士■自転車・登山■家族に感謝	
気づいたこと	初めは完全週休二日制ではなかった・とにかくサービス残業が多かった・先輩の仕事について行けず自分の能力の限界を認識	仕事の安定期だったかもしれない→将来不安もなかった時期	業績が生活に影響することを痛感・中年の転職は厳しい→書類でアウト→転職エージェントも紹介なし・仕事に全力・ベンダとしての仕事は辛い	仕事はそこそこにするようになってきてしまった。情熱がなくなってきた？・初めての単身赴任→料理は難しい・同僚が在職中に亡くなる	

目標設定と現在地

ライフキャリアシート（過去）でこれまでのキャリアの蓄積や苦手なことなどを書き出してみたら、今度は**ライフキャリアシート（現在と未来）**（図9）です。時間というものは有限なのに「いつかやればいっか」となると、ズルズルと過ぎていき、数年経っても未着手のままだったりします。「転職しちゃおうかな」と言い続けて10年が経つ人、「1年以内には結婚したいけど出会いがないんだよな」と言ってずっと独身の人……周りにいませんか？　ライフキャリアをなぜか人まかせ、成り行きまかせにしてしまうこと、かなりあることだと思います。

そうではなく、ライフキャリアにも目標設定をして、現在の自分との開きをどうやって埋めていくかを考えることで課題や具体的に必要な行動が分かってきます。まずは1年後、3年後、5年後、10年後どうなっていたいか、どうしたいかをイメージしてみましょう。その上で、それを実現するために今自分は何ができるか、どんなことをすべきかを考えてみると良いと思います。どんな学習が必要で、どんなネットワークに関われば良いのかなどが見えてくると思います。

時間は有限ですが、ここでは無理に自分を強いるようなスケジューリングはしません。あくまでも自分ができる、良いなと思うスケジューリングを組んで、自分ならではのタイムマネジメントをすれば良いと思います。組織から離れた定年後の自律したライフキャリア開拓のための第一歩です。

ここで大事なのは、何かに取り組んでいくにつれ「やっぱり違った」「なんかイヤだ」という場合には、方向性を変えて良いということです。特に日本では、古くから「初志貫徹」「石の上にも三年」と説く傾向がありますが、プロティアンではアダプタビリティが大切なので、目標の見直しをしていくことが大事です。ずっと同じ目標に縛られて、もっと相応しい道があることに目を向けないのは良くないことです。社会や環境の変化による軌道修正はその都度するべきです。だから、**１ケ月に１回はこのシートの見直し**をするのが望ましいです。見直しをすることで、「ゆるがない自分」「環境によって変化をしていく自分」のどちらにも気づくことができます。

図9　ライフキャリアシート（現在と未来）の見本

	現在（　歳） 年	1年後（　歳） 年	3年後（　歳） 年	5年後（　歳） 年	10年後（　歳） 年
既存の仕事					
新しい仕事、パラレルキャリア、セカンドキャリア					
学習					
家庭					
社外のつながり					

図10　2020年3月に定年退職した野毛さんのライフキャリアシート（現在と未来）

<table>
<tr><th></th><th>現在（61歳）
2021年</th><th>1年後（62歳）
2022年</th><th>3年後（64歳）
2024年</th><th>5年後（66歳）
2026年</th><th>10年後（71歳）
2031年</th></tr>
<tr><td>既存の仕事</td><td>県産業振興財団の専門家や中小企業アドバイザーなど公的機関の専門家として中小製造業向け支援活動を行う</td><td>当面は公的機関の専門家としての活動を軸に実績を積み、コンテンツの充実を図りながら、将来的には企業と直接契約を増やしたい</td><td>現在は個人事業主ですが、法人成りをしたい（規模を大きくしたいのではなく、あくまでも一人社長としてさらに活発にやっていたい）</td><td>さらに、さらに活発にやっていたい</td><td>優先順位やバランスは年齢と状況で変わるが、「社会貢献」「生き甲斐」「健康維持」「報酬」を目的に元気で社会とつながり働いていたい</td></tr>
<tr><td>新しい仕事、パラレルキャリア、セカンドキャリア</td><td>公的機関の専門家になってもすぐに仕事は来ない。そのためそれをどう活用し、どう貢献し、どう報酬を得ていくかを試行錯誤中</td><td>中小製造業向け経営支援活動を主軸に、セミナー講師としても活動できないか模索。ただし、的を絞って実績を積むことを優先したい</td><td>活動を高レベルで維持・回転するために、質の高いコンテンツ作成を続けたい。集客は仕組み化し、コンテンツと実務に時間を割く</td><td>対象が「中小製造業向け」だけでいいのか模索中。一方で絞ることの大切さも認識。自分の棚卸しと時勢は注意している</td><td>10年後の自分が楽しみ</td></tr>
<tr><td>学習</td><td colspan="2">インプットもいいがアウトプットをとnote投稿を始める。デジタルはまず触れる。新たな学びは自分がやってきたことと紐付けて</td><td colspan="2">個人活動でもSDGsを意識しようかと勉強中。発信することとデジタル化、マーケティングについては、これからも学んでいきます</td><td>10年後も好奇心を持って、常に学び続けたいです</td></tr>
<tr><td>家庭</td><td>長男は東京、長女は大阪。現在、かみさんと二人暮らし。定年後、自分の分の洗濯と皿洗いは自分でやることに。1年経過、だいぶ身に付く</td><td>私とかみさん、それぞれが仕事と趣味の両面で生き生きと!!</td><td colspan="3">長女の大学専攻は経営学。私は体系立った学びをしてこなかったため、理論面では長女の方が上回る。若い感性とITスキルも敵わない。一方、私には長年現場で培った経験と勘と実績がある。⇒いつか娘と一緒に仕事ができたら面白いなと密かに思っています（全く相手にされず。夢で終わることでしょう。たぶん）</td></tr>
<tr><td>社外のつながり</td><td>公的機関（地元信用金庫など）や「おじさんLCC」、趣味の音楽関係、コワーキングスペース入居者、地元を中心とした同窓生など</td><td colspan="2">地元の企業経営者とはもっとダイレクトにつながりたい。また地域で活躍する方々とも緩やかなつながりを持ちたい。さらに、オンラインやSNSを活用し全国の様々な方々とつながりたい。そのためにはテイクよりギブ重視で</td><td colspan="2">つながる手段はさらに多様化してくるでしょう。新しい手段と出会いに関心を持ちつつ、リアル対面でのつながりがより重要視される場面も出てくると思い、ハイブリッドでつながりを広げ深めていきたいです</td></tr>
</table>

図11　2022年2月に退職予定の百中さんのライフキャリアシート（現在と未来）

	現在（64歳）2021年	1年後（65歳）2022年	3年後（67歳）2024年	5年後（69歳）2026年	10年後（74歳）2031年
既存の仕事	転属先の子会社で延長雇用ラストイヤー、2人の次世代リーダーサポート役（WEBマーケティング・人財育成）	2月20日退職			
新しい仕事、パラレルキャリア、セカンドキャリア	65歳の誕生日にフリーランス起業開始と決め準備中（①オンラインワークショップの体験会100人集客②ノマドワーク実験）	ライフキャリアアドバイザー起業。WEBマーケティングで700人集客導線確立とコラボパートナー募集【年商125万円】	プチ起業支援のオンラインコミュニティ運営、1期生参加者＝テーマ別にコラボパートナー講師委託【年商555万円】	オンラインコミュニティ運営、オーナー兼講師認定制度で、エリア別にコミュニティをフランチャイザー化。【年商999万円】	全国オンラインコミュニティ888人、フランチャイジーオーナーとなり現場から身を引く
学習	起業に活かすため①人間力大学と朝活部で人間力UP②WEBマーケティング&ZOOM集客、ファネル集客の仕組み化	WEBマーケティング実践&改善、ノマドワーク中の地域活性化活動参画（知る＋やってみる）	WEBマーケティング実践&改善・FCスキーム学習、ノマドワーク中の地域活性化活動参画（知る＋やってみる）	オンライン講師育成	
家庭	毎月1日に母と面会（コロナ収束次第）・単身赴任最後のデュアルライフ（それぞれの老親の心の支えになれる・円満別居中）	平屋戸建てに転居して母の面会継続（デュアルライフ継続）・夫婦旅再開（沖縄・西日本の史跡、絶景めぐり＆キャンプ）	夫婦旅継続＆地域コミュニティ参加・長男パートナー出会う	夫婦旅（海外も）＋子どもたちとも国内旅	夫婦＆長男家族とも海外旅行
社外のつながり	郷里で仲間を増やすためギバーとして活動中／車中泊＆キャンプ&アドレスホッピングで史跡や絶景めぐり	サラリーマン時代の上司にお礼挨拶。仲間が17人に。車中泊＆キャンプ&アドレスホッピングで史跡や絶景めぐり年6回継続	高め合える仲間が39人に（うち3人は海外）。史跡や絶景めぐり年6回継続／キャンプ飯レパートリー7品／御嶽山登頂	高め合える仲間が17人に。史跡や絶景めぐり年6回継続／タイニーハウスでバードカービング／台湾・パラオ慰霊／槍ヶ岳登頂	フランチャイザー（地域オーナー）との交流／タイニーハウスでバードカービング講座開設

図12　退職時期を模索中のじぃさんのライフキャリアシート（現在と未来）

	現在（58歳）2021年	1年後（59歳）2022年	3年後（61歳）2024年	5年後（63歳）2026年	10年後（68歳）2031年
既存の仕事	職場：現職（銀行システム）継続中	職場：退職検討			
新しい仕事、パラレルキャリア、セカンドキャリア	転職検討：新しい仕事探し	いろいろな仕事を転々とする：システム関係・自転車観光案内・保育士・電気工事	起業に挑戦：趣味の自転車で観光案内 可能であれば：JICAシニア派遣	定職に就く：保育士	年金受給開始：アルバイト複業生活
学習	資格取得目標：電気主任技術者・情報処理技術者試験	英語：自転車観光案内用に	英語：自転車観光案内用に	英語：ボケ防止	英語：ボケ防止
家庭	家族に感謝・掃除、洗濯、風呂、ゴミ担当	食事も担当できるようスキルアップ・家族旅行	両親の介護等の心配	孫の面倒を見る（まだいない）	地方との二拠点生活
社外のつながり	おじさんLCC／自転車・登山・ダイエット	おじさんLCC・近所の公園愛護会／自転車	おじさんLCC・地域のアマチュア無線クラブ／一人自転車旅（北海道一周？）・海外旅行・アマチュア無線再開	おじさんLCC・地域のアマチュア無線クラブ／一人自転車旅（台湾一周？）・海外旅行	おじさんLCC・地域のアマチュア無線クラブ／一人自転車旅（ツール・ド・フランスのコース）・海外旅行

「他者内省（サービスとしてのキャリア）」

「自分には、誇れる経験や強みは何もない。やりたいこともない」とおっしゃる方がいます。しかし、こうやって書き出してみると、過去の人生においてご自身が頑張ったことがいくつかあるはずです。趣味でも家族との関係でも何かやりたいことがあるのではないでしょうか？　それを自分で発見することだけでも大きな収穫です。その経験の中から何か一つ二つ、自分にとって生きがいを感じられるものを見直して、定年後に改めて取り組んでみるのも良いでしょう。逆に、「理由があってできなかったこと」を、定年後の第二の指針や目標にして取り組んでいくのも良いと思います。

ただし、ここで一つ注意しなければいけないことがあります。この棚卸しと目標設定により、過去・現在・未来の自分について把握しアイデンティティを高められたわけですが、さらに考えるべきこととして**「他者内省」**があります。**他者のニーズを明**

確にし、そのニーズを自分がどのように満たせるか見極めることです。自分は他者に対してどのようなサービスを提供できるか考えることです。例えば、それが組織内の場合は「上司は自分にどのようなパフォーマンスを求めているだろうか?」「顧客はどんな提案だと喜んでくれるだろうか?」「部下はどんな教え方だと理解してくれるだろうか?」など浮かんできて、割と考えやすいかと思います。

しかし、定年を迎えて組織を離れた場合は難しくなります。**「社会は自分のどんな行動を求めているのか?」「自分のスキルが社会にどう役立つのか」**という**起業家的な問いになる**からです。組織内であれば上司や顧客、部下など目の前の人物を思い浮かべてニーズに応えることができましたが、その対象が社会になると思い描きにくいものだと思います。それを解決するための具体的な行動として、**小さな社会である社外のコミュニティへの参加が重要**になってきます。参加して自分をぶつけてみるのです。すると「あれ?　自分のこの経験はニーズがありそうだ」「これをやりたいと思っていたけど、あまり重宝されないらしい」などの気づきがあるからです。

自己内省をしてアイデンティティを高めることは大事ですが、この他者内省をしてアダプタビリティを高めることも同時に行っていかなければなりません。特に定年後は一人で考え込んでしまい、凝り固まった枠に自分自身を閉じ込めがちです。だから、社会と接するためにもコミュニティへの参加は必須なのです。

一方、「今組織で働いているから大丈夫、小さな社会に所属しているんだ」と思われる方もいるかもしれません。しかし、定年を迎えたらその組織のニーズに応えることは終わります。その前に、社会にはどんなニーズがあり、組織から離れたときのために「自分の経験やスキルが活かせる場所はどこなのか？」「やりたいことができるチャンスはあるのか？」を今から別のコミュニティに参加して探っておく必要があります。

大企業のサラリーマンに特によくあることですが、「会社ではこんなことは皆できていたから大したことないと思っていたけど、会社から出るとすごく重宝されてビックリ」「この経験、こんなに珍しがられるの？」などが見えてくると思います。そうなったときにまた、ライフキャリアシートに戻ります。「こんな経験もあった」を過去シートに記載したり、「この目標はやめて、新しい目標にしよう」などと記載していくのです。そうやって**自己と他者を行き来する**。これは本当に重要なので、次章で詳しく触れたいと思います。

メタ学習（「学び方」を学ぶ）

ここまでで、アイデンティティやアダプタビリティを高め、早速ライフキャリア開拓をしていこうじゃないかという方もいると思います。「自分にはこんな目標ができたから、もうちょっとこの分野を調べてみよう」「よし！　あの講座に通うぞ」と意気込まれる方もいるかもしれません。しかし、ちょっとお待ちください。その前に重要な注意点をお伝えします。

興味がある分野、目指したいカテゴリー、取り組みたいことについての情報収集や知識を高めていくことは基本中の基本です。しかし、インプットしただけではダメです。「学び」というと、「知識を蓄えること」「インプット」だと思っている方がいますが、アウトプットがなければ本当の学びとは言えません。そうやって**得た情報や知識と合わせてアウトプットをしていくことこそが本当の学び**と言えます。ライフキャリアについては特にそれが言えます。自分という人間は一人しかいません。だから、手に入れた知識を自分で自分に試す、つまり行動してみるしかないのです。

ここで言う「行動」については次章で詳しく触れますが、学び方が間違っているといえば、学生時代にこんな子いなかったですか？「教科書にカラフルなペンでなぞる」「ものすごく綺麗にノートをまとめる」「徹夜で勉強」。素晴らしい成果物に見えるノート、徹夜した疲労感。確かに「頑張った感」はあります。しかし、それで満足感を得ていたため、肝心の試験はと言うと……なんて子、よくいましたよね。手段がいつのまにか目的になってしまっていることはよくあると思います。

これは学生時代の一例にすぎませんが、間違った「学び」をすると無駄に時間を費やし、場合によっては本来進めるはずのことを後退させてしまう可能性もあります。ですから、「学び方」を正しく理解し、実践することもまた、時間に限りがある定年後を控える方に対しては、特に重要だと思います。定年をしてからＭＢＡ講座に行くにしてもインプットしている「頑張った感」だけではなく、それをどんな行動に落とし込むのかがより大事だということです。インプットはあくまで手段で、どうアウトプットするかを意識するということです。

「行動によって実現の可能性を高める――ハップンスタンス」

「プロティアン」以外にも私が好きな理論を紹介します。「プランド・ハップンスタンス」というキャリア理論です。スタンフォード大学教育学・心理学教授のＪ・Ｄ・クランボルツによって提唱され、「計画的偶発性理論」「計画された偶然」と訳されています。私なりに意訳すると、**「自分が行動することで環境が変わったり何かが起こる可能性がある。だから、どんどん行動しなさい」「何かが起こるかもしれない『場』を自分から作っていきなさい」**といった意味です。

興味のあるコミュニティに参加してみる、セミナーを受講してみる、ＳＮＳなどで興味が自分と似ていそうな人やグループにアプローチをしてみるなど方法はたくさんあると思います。そういう場に参加し、人と比較することで自分の価値観や長所について改めて気づきが得られたり、社会での意外な需要について発見し自分の役割に気づいたり、自分が求めていた仕事を紹介してもらったり、逆に考えてもみなかった面白そうな仕事に出会えたり……と、予想もしていなかったヒントや導き、そしてきっかけが隠されています。そういったメリットを考え、まずは「行動」してみると良いと思います。

「プランド・ハップンスタンス」の理論では、**「キャリアの8割は偶然の出来事によって起こる」**と考えられています。予測がつかない偶然によってイヤな思いをすることもあるかもしれません。しかし、偶然に起こること自体を自分にとって有利に変える、自分の人生に昇華させられるかは自分自身であり、その偶然の数を増やすほうが有利へ近づきます。このことからも、**定年後の目標を立てたら、積極的に偶然が起こりやすい場に参加していきましょう。**

コラム②
プロテインはしなやかな筋肉、プロティアンはしなやかなキャリア

本章の冒頭で、プロティアンがプロテインと間違われることがあるというお話をしましたが、それは私自身のせいでもあります。

大学時代は政治経済学部にいたのですが、専門科目のほかに体育の授業もいくつか取り組んでいました。中には腹筋、背筋、腕立て伏せなど筋肉測定のようなことをやる授業もあり、40～50人いる学生のうち、人間科学部スポーツ学科などの人を押しのけ毎年私が１位でした。

それまで意識的に体を鍛えるようなことはしていなかったのですが、その授業の担当教授でロサンゼルス・ソウル五輪レスリング銀メダリストの太田章先生からは〝サイボーグ〟と呼ばれ、次の年から授業の助手を頼まれるほどでした。生まれつきスポーツが好きで、たまたま強い肉体に生まれ落ちたんだろうと自分では思っています。今でも、腕相撲で女子に負けたことはありません。

こんな経緯から特に学生時代の友人から「なるほど。それで美冬は筋肉増量のため

のプロテインの会社を立ち上げたのね」と誤解されることが多かったというわけです。

プロテインとプロティアン――。語感はなんとなく似ているため、確かに間違える方も多いかもしれませんが、どうかここで改めてプロティアンというキャリア理論、そして名前を覚えてください。なかなか覚えられない方は、こんな風に覚えていただければ良いかもしれません。

- **しなやかな筋肉を築くプロテイン**
- **しなやかなキャリアを築くプロティアン**

というわけで、次章ではさらに具体的に、定年後のライフキャリア形成に役立つと思われる「行動」について紹介していきます。

第3章

定年後、組織外キャリアを築くための行動

「従来のキャリア形成に、組織外の人間関係は不要だった？」

これまでのキャリア理論の多くは、組織外の人間関係の構築に対してややネガティブに捉えるような傾向があり、不必要とされてきたように思います。仕事で成功を得るには、仕事以外（家族、趣味その他）をいかに犠牲にするかというゼロサムゲームのようなものとして捉えていました。「24時間戦えますか？」のＣＭが流れていた時代もありました。50～60代の方と面談をすると、「30～40代の頃はとにかく仕事仕事のモーレツ社員で、趣味と家族などに全く時間を使えなかった」とほとんどの方がおっしゃいます。

そういう時代ならば、組織内でのキャリア形成を目指す場合、こういった考えは確かに合理的に感じられます。また、結果的にキャリアアップを実現させるケースも多かったことでしょう。しかし、これらのことで仮に成長を促がせたとしても、それには限界があり、また得られる価値も限られます。なぜなら、それが組織の中でのものであり、人生１００年時代と言われ、定年後の時間が長く、組織の外に出てからの時間が長い現代では応用しにくいからです。従来のキャリア論と違いプロティアン・キャリアでは、組織外の人間関係は仕事と相互に作用する重要な要因だとしています。

まず、家族はかけがえがなく、最も大切で守らなければいけない存在であることは間違いありません。そして、家族以外にも人間関係を構築し、そこから得られる学びやきっかけの中に隠れている可能性は計り知れないものがあります。組織以外の広い人間関係を構築し、影響を受けられる環境に身を置くことができれば、生きがいや心理的成功も得やすくなるでしょう。そして、定年後、自分軸での充実した生活を送ることで、結果的に最も大切な家族に対してもフィードバックできるのではないでしょうか。

「行動」は二つ

定年後のライフキャリア形成に向け、組織外の人間関係構築をしてプロティアンを実践するためにどんなことをすれば良いかですが、前章でも触れた「行動」に全てがかかっています。しかし、「『行動』って言っても何を始めたら良いの？」と思われる方も多いと思います。ここでは、どんな「行動」を起こせば良いか、二つに絞ってお話をします。

一つ目は**発信すること**。発信することで自分という存在を知ってもらい、同じ志の人とつながったり、同じ目的の人を見つけたりできます。さらには、情報は発信した人のところに集まってくるから情報収集のためにも絶対に必要です（私はおじさん情報を発信しているのでおじさんに関する情報が集まってきます）。

発信には様々なやり方がありますが、三つ紹介したいと思います。

1．ＳＮＳでの発信

まずはＳＮＳ。告白しますと、私は38年間ＳＮＳをやったことがありませんでした。Facebook や Instagram はもちろん、Twitter も mixi もです。なんだか面倒くさそうで、発信したいことなんて何もないと思っていたからです。「なぜそんなにやるんだろう？　マメだなあ」と思い、登録さえしたことがありませんでした。

どうしてそれほど遠い存在だったＳＮＳをやる決心がついたのかというと、異業種交流会でのある女性との出会いからでした。勝間和代さんの話題になり、「勝間さんもメディアに出たくて出ている訳じゃなくて、自分の会社のことを知ってもらうにはまず社長である自分を知ってもらわなきゃいけないから出ているんですって」ということを聞いたからです。「え？　あの目立つことが好きだからメディアに出まくっていると思っていた勝間さんが？」と驚くとともに、「そっか、じゃあ私のように会社を立ち上げたばかりの人は、自分が出ないといけないいんだ。腹をくくろう」と思ったのでした。しかし、そこからが長い道のりでした。腹をくくったはずなのに、いざ発信しようと思っても発信したいことが何も出てきません。「私の言いたいようなことなどは既に誰かが言っている」「キャリアコンサルタントなんてたくさんいるから、私が出てくる必要がどこにあろうか？」と悩んでみたりしているうちに、数日が経過していました。

最初に手を出したのがFacebookでした。今思うと、Facebookの性質上、友達が少ない私のような人にはハードルが高かったのかもしれません。誰もが「旅行に行った」「花が咲いた」「痩せた」などと軽やかに発信してるのを、ただただ見ているだけになっていました（未だに何となく恥ずかしいのですが、何とかセミナーの告知や「おじさんLCC活動報告」などをちらほら出せるようになりました）。Twitterは意外と楽しくできています。趣味であるおじさん研究の報告（？）が気軽にできて、「今日はこんなおじさんがいた」「『おじさんLCC』でこんな面白い発言があった」などと呟《つぶや》いては気持ちを発散させています。そうすると、同志から「こちらにはこんなおじさんがいましたよ」などと素晴らしい情報が集まってくるという成果もあります。

ＳＮＳの中にも自分に合ったものがあるはずです。いろいろとやってみて、自分に合うものを探したほうが良いということです。私は50～60代が多いというのでFacebookをやってみたのですが、実際にFacebookから「おじさんセミナー」や「おじさんＬＣＣ」に参加してくれる方は稀でした。逆に、年齢層が低いからと期待していなかった Twitter から参加をしてくれたりと予想していた結果と異なることばかりで、やっぱりやってみないと分からないと思いました。だからこそ、ユーザー層や雰囲気、機能などを比べた上で、いくつかやってみて自分に合うものを見つけていく必要があります。「こんな仕事がないか」「あんなことがしてみたい」など、発信することで情報が集まってくるはずです。

2. 受け皿としての発信

ここまでは、言わば攻めの発信でしたが、次は受け皿としてのホームページ（ＨＰ）やブログなどからの発信です。もし仕事を依頼するとき、インターネットで検索して、名前が出てくる人と何も出てこない人のどちらを選ぶでしょうか？　検索したときに出てくるようにしておくことも大切なのです。Facebook や Twitter では発信したことが消えていってしまうので、検索したときに発見しにくいのですが、ＨＰやブログならば検索して内容を確認できるので、受け皿としての役割をしてくれます。「おじさんＬＣＣ」も Twitter や Facebook から存在を知り、note での「ブログリレー」を見て面白そうだからとか、HPで確認したら悪くなさそうだからと、入会を決めてくれた方も多いです。**今の時代、スマートフォン（スマホ）やPCで検索して確認しない人はほとんどいないため、この受け皿を作っておくことがとても重要です。**

3．身近な人へ発信

自分がやりたいことや、何となく興味がある、気になっていることなどを周りの人に伝えます。そうすると、「それなら、こんな人を知ってるよ」「こんな場があるよ」など意外な情報を教えてもらえるかもしれません。気をつけなければいけないのは「ドリームキラー」の存在です。「定年後にいまさらそんなことして何になるの？」「定年後はのんびりするのが一番。セカセカしてどうする」などと言い、人の夢を壊す人のことです。そんなことを言われてしまうと「そうなのかな？」と不安に思ってしまうかもしれませんが、そこはサラリーマンとしての「スルースキル」を発揮していただき、「心配してくれてどうもね！」とひと言伝えて彼らをスルーしましょう。せっかく定年後に生きがい、心理的成功を追いかけようとしているのに、ドリームキラーのひと言でやる気をなくしてはもったいないです。誰の人生、誰のライフキャリアなのかということを分かっているか試されたんだ、と思うようにしましょう。

ここまで発信の大切さをお伝えしてきましたが、これも組織内キャリアだけなら必要性を感じなかったと思います。組織の中なら発信を積極的にしなくても○○部の○○さんということはある程度知られていて、仕事も勝手に向こうからやってくるものだからです。しかし定年後は、発信をしないと仕事は来ません。どんなに実績があっても、どんなすばらしいことをやっていても、伝えなければ、そもそも自分という存在は誰にも知られることがないままになってしまうのです。

行動の二つ目は**コミュニティへの参加**です。「いや、ムリ」と思った方はいませんか？　はい、それはかつての私です。コミュニティという言葉に違和感、嫌悪感を持っていました。人脈やネットワークも同様です。起業する前に、「起業本」を何冊か読んだのですが、必ず「人脈」「ネットワーク」が重要だと書かれています。私は「いや、そんなことはない。それだけは何か別の方法で補おう」と思っていました。しかし、別の方法では補えないことに気づきました。一人でできることには限りがあり、一人で考えるアイディアにも限界があるからです。さらに、プロティアンで大事なアイデンティティやアダプタビリティを高めるためには、人と接することでしか自分の価値や社会での需要などが分からないからです。だから、起業してもしなくてもコミュニティへの参加は必須です。

では、なぜコミュニティなのか。異業種交流会やセミナーではダメなのか。これは関係が一時的なものなのか継続的なものなのかの違いです。異業種交流会で名刺交換をしただけでは、なかなか信頼関係が生まれづらかったりします（特に、私のように用心深い人間は）。継続的に会う関係性になることで、お互いをよく知ることができて信頼が生まれ自己開示がしやすいからです。この自己開示が大切で、ライフキャリア開拓では本当の自分をありのままに見つめることが重要になってくるので、偽った自分しか出せない関係性では偽りの過去、偽りの未来に向かって走りだしてしまう恐れがあるからです。せっかく定年後は自分だけの心理的成功を求めようと思っていたのに、それができなくなってしまいます。

また、セミナーなどに参加してその日は「よし！　俺は生まれ変わるぞ!!」などとモチベーションはアップしたけれど、翌日になったらすっかりその意気込みはどこへやら……という経験はありませんか？　私はあります。やはり、モチベーションを保ち続けるには継続して行ける場がないと難しいと思います。点ではなく線で目標に向かって行ったほうが良いです。つまり、継続的な関係性があることが二つの意味（時間をかけて信頼を醸成し自己開示すること、モチベーションの維持をしていくこと）が大事で、だからこそ継続的な関係を作っていくことができるコミュニティへの参加が必須と考えるのです。ここで、コミュニティを探す際の大事な条件二つをお伝えします。

一つ目は、安心・安全の場が確保されているということです。Googleが発表し注目され始めた「心理的安全性（psychological safety）」「チームメンバーに非難される不安を感じることなく、安心して自身の意見を伝えることができる状態」とも似ていますが、キャリアカウンセリングで言う安心・安全な場は以下のような場です。

- 個人情報が守られる
- 自分の意見を受け止めてもらえる
- 批判される心配がない

このような場が整っていると、自己開示ができて素の自分が出せます。自分の意見を皆に受け止めてもらえるから安心して話すことができて、自己否定がなくなりアイディアが湧き出てきます。そして、挑戦意欲もどんどん出てくるのです。

二つ目は、目的を意識するということです。何のためにコミュニティに参加するのかを考えてみましょう。読書が好きで作品などを分かち合いたいのなら読書サークルに入り、バスケットがしたいならバスケットサークル。では、ライフキャリア開拓がしたいなら？　ということです。「自分の年代より上の人に話が聴きたいから」とゲートボールサークルに入ったとして、もしかしたら有益な情報をくれる方がいるかもしれませんが、実際は確率的に低いでしょう。それならば、ライフキャリア開拓をするコミュニティにダイレクトに飛び込んだほうが良いのではないでしょうか。そうすると、同じ悩みや目標を持った方々と知り合うことができ、自分が知りたい情報も自然と入ってくることとなるでしょう。だから、時間を無駄にしないためにも、目的に沿ったコミュニティを探すことが大事になります。

もし、「講師として活躍したい」「カフェを開きたい」といった明確な目標がある場合は、コミュニティ以外にも講座（単発ではなく複数回あるもの）を受講するという手段もあります。そういう場で得た仲間からの情報はそれに特化していて、インターネットには載っていないようなものや、思いも寄らない耳寄りなものがあると思います。まずはインターネットで検索するなどしてコミュニティに参加し、また、そこに参加されている方とコミュニケーションを取り、組織外での人脈作りや交流を図ると良いでしょう。こういった場の交流でご自身にとって向いているもの、向いていないもの、やるべきこと、やらなくて良いことなどがさらに明確になってくると思います。

ちなみに、以下は私が参加しているコミュニティです。

「エールプロジェクト byパラレルキャリア推進委員会」

女性だけのFacebookオンラインコミュニティ（無料）で、２０００名以上のメンバーがいます。定年前後の男性の応援がしたいという私としては、「女性のパラレルキャリアを知ることで、よりおじさんのパラレルキャリアとの違いが浮き彫りになるかも」といった理由で入会しました。いざ入会してみると、予期してなかった良いことがたくさんありました。「活躍している女性を見てとても刺激になる」「同じコミュニティ運営の勉強になる」「代表の仕事術に学ぶべきことが多い」のほかにも、「顧問プロジェクトに応募してみる」という機会をいただいたりもしています。さらに、いつも「おじさん」でいっぱいの私の頭を中和させてくれる場にもなっています。

「夢哲法」

経営者中心の20名弱のクローズドコミュニティです。それまではリアルな会合だったのですが、コロナ後からはオンラインで集まっています。毎回テーマを変えた勉強会があり、お互いに応援し合ったりアイディアを共有したりしています。特に主催者の椎名雄〟さん（表紙の怪しい仮面の人物です）にはいつも背中を押していただいています。前に出ることや、発信がかなり苦手な私に「おじさんを応援したい気持ちがあるのなら、金澤さん自身が前に出て、それを伝えていかないといけない」と自分自身でセミナーやカンファレンスなどすべきと説得してくれました。椎名さんが言ってくれなかったら「縁の下の力持ちがいい、黒子がいい」と言い続けて、誰にも発見されず、誰の力にもなれず時が過ぎていたと思います。感謝です。

「キャリアコンサルタント勉強会」

事例を元にロールプレイングを中心とした勉強をしています。キャリアコンサルタントとして活動していくために、自分の癖《くせ》を自覚したり、最新の理論や技術情報をもらったりする場を意識的に作るようにしています。

「キャリアコンサルタント受講仲間」

資格取得のため講座で一緒に学んだ仲間のコミュニティです。共にキャリアワークに取り組み、自己開示をし合っているため無条件に仲間を信頼しています。ここで出会ったのが前述の坂井二朗さんや切石明子さんであり、仕事にもつながっています。

「ママ友コミュニティ」

区で催された産後３ヶ月検診時が縁で、３年ほどのお付き合いがあります。猪突猛進型の私は、うっかりしてしまうことがよくあります。昨年、「おじさんＬＣＣ」のスタート時に娘の幼稚園の入園申込み締切が重なっていました。全く気づかず、仲の良いママ友に「そろそろ締切じゃない？」と言われ、ギリギリセーフで申し込んだということがありました。意識してないところで情報がもらえるというのは、私のような猪型には本当にありがたいです。同じ育児という目的を持った仲間で、情報収集のほかにも悩みを吐露するカタルシス効果が得られるコミュニティです。

コミュニティは合う合わないがあるので、いくつか入ってみて「なんか違うな」と思ったら抜ける、ということで良いと思います。合わないコミュニティにいてもストレスが溜まり、ライフキャリアに関する自由な発想も出てこなくなってしまうので、抜ける勇気が必要です。ここでもあくまで「プロティアン」に、最初の目標設定に縛られすぎず見直しをするということが大事です。

また、「定年後」に関係する本には「地域コミュニティへの参加が必要」と書いてあるものもありますが、それほどこだわらなくても良いと思います。コロナ後は特に、オンラインで十分なコミュニケーションが取れることが分かってきました。オンラインコミュニティでご自身の興味に近いことを探したほうが効率的です。また、地域には合わない人もいて、これからずっとそこに住む場合、ややこしい人間関係は避けておきたいところです。ちょっと覗いてみて、合わなければすみやかに去る勇気も必要です。

「友人で構成される人的ネットワーク〝ポッセ〟を得る」

行動する上で大切なことは**「ポッセ（仲間）」**を得るということです。これは『LIFE SHIFT』リンダ・グラットン／アンドリュー・スコット著／池村千秋訳（東洋経済新報社）で紹介されているもので、**「仕事上の友人で構成される人的ネットワーク」**を指しています。「同じ目的を持つ仲間」と言い換えても良いかもしれません。

『LIFE SHIFT』で言うポッセは「仕事上の友人で構成される人的ネットワーク」としていることから、「じゃあ、組織内の同僚で良いのではないか」と解釈される方がいるかもしれません。

しかし、定年後の仕事というのはこれまでいた組織の外です。ここで言う「仕事上の友人」は、組織内で得られる同僚ではなく、自ら行動・アウトプットし、そこで得られた友人や仲間などが、『LIFE SHIFT』で言うところのポッセそのものであると考えています。

目標・目的などを共有し、皆の意見や利点をそれぞれがしなやかに受け入れ、さらに高め合っていく……。これこそがポッセなのではないかと思います。

コラム③

「おじさんＬＣＣ」は安心・安全でライフキャリア開拓が目的のコミュニティ

「おじさんＬＣＣ」はオンラインのコミュニティです。目的は「ライフキャリア開拓」で、定年前にどんな準備があるか、定年後のスタートはどんな行動するのか皆で実践していく場です。40～60代のサラリーマンや定年退職した方が全国から参加しています。業界もメーカーや金融機関など様々で、職種も営業やエンジニアなどいろいろな方がいらっしゃいます。

活動としては、今月の活動報告と来月の目標を発表し合う定例会を月に１回行い、どうしても一人だとおざなりにしてしまいがちな本業以外のライフキャリアについて前に進められるようにしています。参加者からは「皆に宣言しちゃった手前、やらないといけないから頑張れる」「ほかのメンバーがこんなことやると言っていたから、僕も挑戦してみたくなった」などの声をいただいています。ほかにも、ライフキャリアのワークショップを行いほかのメンバーの価値観に触れたり、自分の経験を見つめ直したりすることで自らの社会での価値に気づき、次の活動のヒントになるようにしています。

さらに、有志で部活動がスタートし、「発信部」「ダイエット部」が活発に活動しています。「発信部」では毎週noteでのブログリレーや、YouTubeライブ配信を行っています。「ダイエット部」ではスプレッドシートを共有し体重の増減や走った距離などを記録しています（私もおかげで4kg痩せました）。ほかにも「副業禁止の抜け道を探る部」を発足させようと検討したり、「運動部」ではコロナが終わったら自転車で山手線を1周、皆で駅伝などのアイディアが出てきています。

目指すところは吉田松陰が幕末に開いた私塾「松下村塾」で「先生が生徒になり、生徒が先生になる」というものです。運営上、私が特に気をつけているところは「ここでは誰が上で、誰が下ということはない」安心・安全の場にするという点です。そのため、「ほかのメンバーの意見を批判すること」「自分の意見を押し付け、アドバイスを『してやる』こと」「自分だけが時間を独占すること」を禁止しています。

「おじさんLCC」に参加される方個々、組織でのキャリアは様々です。勤めている（た）会社の規模も違えば、年収も違うし学歴も家庭環境も違う。しかし、組織的キャリアではない次なる「定年後」のキャリアを築くことは、「やったことがない」「経験がない」という点で皆さん同じです。だから、上下関係が生まれないように気をつけています。

原則的にはどなたでも参加していただけますが、過去に参加をお断りさせていただいた方も複数名いました。「その人ご自身が嫌いだ」ということではなく、前述のような「安心・安全の場」を乱すような、「俺のありがたい話を聞け、教えてやろう」的な妙なマウントを取るような言動が感じられたりしたからです。誰か一人のために、参加者が安心して自己開示できずライフキャリア開拓ができなくなるのは本末転倒です。だから、そこだけは本当に気を配っています。

私自身も、とても恩恵を受け、刺激をもらっています。活動を世の中に周知してもらうためにどうしたらいいか相談したときは、「ブログリレーしよう」「ラジオ局にメールしてみよう」「ライブ配信しよう」「プレスリリースを送ってみよう」などなど、自分では思いつかないたくさんの意見をもらったり。それで私自身のライフキャリアがどんどん開けてきている実感があります。

私自身は世の中の動きに敏感だ、というわけではなくアダプタビリティがまだまだです。だからこそ、こういうコミュニティに身を置くことで自然と世の中の情報が入ってくるようにしないといけないと思っています。先日もあるメンバーから「Voicyというのを聴いたよ。すごくいい」と聞き、「そっか、この前はClubhouseが流行ったし、これからは音声配信なのね」とぼんやり思っていたところに、他のメンバーから「美冬さん自身が音声配信してみるのもありじゃない?」と言われ、実行することを決心し只今準備中です。

鈍い私だけかもしれませんが、誰か一人からの情報は「進歩的なお方だわ」と、自分とは結びつけて考えられないのですが、二人目からも同じ情報が入ると「世の中の流れなのかな? 私もやってみよう」と初めて自分事として受け止めて行動に移せるような気がします。そのようなこと、ありませんか?

第4章

パラレルキャリアの実践

「パラレルキャリアの目的」

さて、ここからは「定年後のキャリア」を意識される方の声で多い「パラレルキャリアの実践」を紹介します。パラレルキャリアとは『明日を支配するもの　21世紀のマネジメント革命』P・F・ドラッカー著／上田惇生訳（ダイアモンド社）で紹介された考え方で、**「本業を持ちながら、第二のキャリアを築くこと」**というものです。本業と併せてご自身のスキルアップ、夢の実現、社会貢献活動などを行うことが正しい定義なので、必ずしも収入を目的としたものではないことがパラレルキャリアの特徴です。パラレルキャリアの実践は、具体的には次のようなものが考えられます。

- 副業、複業
- ボランティア（プロボノも含む）

・コミュニティへの参加

ここで確認しておきたいのが、パラレルキャリアの目的です。ここでは何年か後の定年後に向けて少しずつ種を蒔《ま》いておくということであり、目の前の収入を得ることが目的ではありません。目の前の収入を得られる仕事だったとしても、定年後のキャリアにつながらなければやめる勇気も必要です。定年後に喫茶店を開店したいと思っている方が、近所の喫茶店で日曜日だけ働くということでしたらＯＫですが、とりあえずの収入を得るために喫茶店でアルバイトをするのは違うということです。それなら、少しでも定年後の仕事につながるアルバイトに変えたほうが良さそうです。収入を得られなくても、ボランティアやコミュニティに参加するほうが長い目で見たら良い場合もあります。

仮に失敗しても本業があるからこそ取り返しがつくので、次の挑戦へ向かうことができます。次章で紹介する「おじさんＬＣＣ」メンバーにも、パラレルキャリアに挑戦されている方がいます。ぜひ参考にしていただき、ご自身にあった無理のないやり方を実践してください。

パラレルキャリアへの抵抗感

そうはいっても、本業がある上でパラレルキャリアを実践することは、とてもハードルが高く見えます。私自身がそうでした。その理由としては、以下の四つが挙げられます。

①時間がないと思っていた
②本業に集中したかった
③本業に対する後ろめたさ、罪悪感
④明確な「やりたいことがなかった」

それぞれについて、過去の私に言ってあげたいことを以下にまとめました。過去の私への説教です。

①時間がないと思っていた

平日夜、土日に時間を作れるはず。漫画喫茶、一人カラオケの時間がないとストレス発散ができないと思っているけど、パラレルキャリア自体がリフレッシュになるもの。まずは時間管理の基本から勉強し直す必要あり。

②本業に集中したかった

本業に集中できないって、やってもいないのに思い込んでませんか。とりあえずやってみて、ダメだったらやめればいい。「本業以外」があることでメリハリができることもあるから。

③本業に対する後ろめたさ、罪悪感

副業は良くないものという思い込み、ありませんか。法律で副業は禁止されているわけでもなく、ましてや会社に禁止って言われたわけでもないのに。それに、会社で副業が禁止されていたとしても、収入を伴わない方法でパラレルキャリアを進めていく手もある。さらに、パラレルキャリアで学んだことが本業へ活かされたりというメリットもあるから罪悪感は持たなくていい。

④明確な「やりたいこと」がなかった

なくていい。パラレルキャリアっていうと、最初は随分ハードルが高く感じるけど、ちょっとでも興味がありそうなコミュニティに参加したりするうちに、徐々に明確になっていくものなんだから。やりたいことがないから動けないではなくて、やりたいことがないからこそ動くべき！

以上が過去の私への説教でした。ちなみに、①の時間管理については石川和男さんの書籍『仕事が速い人は、「これ」しかやらない　ラクして速く成果を出す「7つの原則」』（ＰＨＰ研究所）をおすすめします。おじさんによるおじさんのためのセミナーでも講師でお招きしたことがありますが、ご自身が建設会社役員、税理士、大学講師などたくさんの仕事をされているだけあって、とても参考になる情報ばかりでした。それでもまだパラレルキャリアに躊躇している方がいらっしゃるかもしれません。どんなことをすれば良いのかイメージできないという方もいらっしゃると思います。そんな方のために具体的な例をこれからお伝えしていきます。

「副業、複業（収入を得る場合）」

本業がある方の場合、時間を割けるのはおそらく本業の終業後と土日祝のみです。そうなってくると、できることは限られてきます。

〈講師・コンサルタント・プライベートレッスン〉

時間や価格設定を自分で調整できるというメリットもありますが、この三つの良いところは何といっても、自分の経験や得意分野を活かせるということです。人に伝えるということは、自分でスキルを顧みる必要があり、その事自体キャリアを築く上で効果的です。

さらに言えば、自分の何が社会で求められ役に立つのかということが、やってみることで初めて分かってくるということです。会社では皆ができるから大したことじゃないと思っていたことでも、社会ではとても重宝されたり……。たくさんの人の前に出て話すのが得意なら講師、そうでないのならプライベートレッスンという方法もあり1対1で相談に乗ったりできます。コンサルタント業はあまり元手がかからず定年後に始める方が多いので、徐々に実績を作っておくのも良いと思います。

〈WEBライター・note・アフィリエイト〉（文章を書くことが苦ではない方向け）

ＷＥＢライターは、一投稿数百円のアンケートや書籍のレビューから、一投稿１０００円以上の暮らしの役立ち情報や健康などのメディアに寄稿したりなどがあります。そのメディアに合わせて書かなければならないので、自分の書きたいことが書けるわけではありません。しかし、文章力が磨けたり、社会でどんなことが話題になっているのかに敏感になれるなどのメリットがあると思います。

ＷＥＢライターと違って、一度投稿してそれが購入され読まれるたびにお金がもらえるのが note の有料記事です。note は「おじさんＬＣＣ発信部」でも皆で順番にブログリレーを書いていますが、これは無料でやっています。もしこれを一投稿１００円等に設定することで、それを読みたい人が購入すれば収入を得られるシステムです。

アフィリエイトについては「おじさんＬＣＣ」メンバーの**米丸良夫さん（仮名。ジュエリー専門商社で36年勤務後1年10ヶ月の再雇用を経て、現在は個人事業主とアルバイト生活を送る）にインタビューしました。**

アフィリエイトを始めたのは２０１３年の当時55歳のとき。定年後も働きたいと考えまずは副業を探してみようと、副業関連の本を読んだりサイトを読み漁ったりしてみましたが、ピンとくるものがありませんでした。そんな中アフィリエイトを知り、

１．自分の好きなもの、気に入ったものを記事にできるから楽しい
２．ＰＣ１台あれば、どこでもできる
３．元手がかからないのでリスクが少ない（サーバーやドメイン代くらい）

ということから始めてみることにしました。

実は本業からは副業が禁止されてはいましたが、アフィリエイト収入が月数万円くらいであれば税金などでバレてしまうようなこともなかったです。最初はアフィリエイトについてもさっぱり分からなかったため、オンラインのアフィリエイトの塾にも

入りました。今でもその仲間からの情報がとても参考になっています。めまぐるしく状況が変わる中、本で学ぶだけでは更新が追いつかないので、最新の情報が得られたり最近の良い案件について知ることができたりと、コミュニティはとても貴重です。

ブログを続けていて驚いたのは、ＷＥＢライター依頼が何度か来たことでした。実際にファイナンシャルアカデミーというところが運営している「マネラボ」では、２０１８年から２０２０年の間、ＷＥＢライターとして毎週定年関連のことを書いて、２年間でそこそこの原稿料をいただけました。ただ、原稿料が安かったり取材費が自腹の依頼は断りました。

【再雇用を決めた理由】

一番は「お金」です。収入を確保しながら、その間に準備をしようと思っていたのです。定年前の現役のときに準備は難しかったです。残業や休日出勤がありましたし、通勤時間も長かったです。それでも1年10ヶ月で再雇用を終わりにしたのは、時間がないということと自由が欲しかったということです。特に時間については、61歳で辞めるのと65歳で辞めるのでは、その時点でのエネルギーが全然違うと思いました。61

歳からできることでも65歳ではできなくなってしまうことが多いと思い、60歳過ぎてからは1日1日が本当に大切だと改めて思っています。

【雇われない働き方について】

再雇用で働いていて、自由を少しずつ得ようと「週4勤務にしてほしい」と会社に伝えたこともありましたが、給与は出勤時間と比例せずもっともっと低くなると言われてしまいました。そのことから、改めて再雇用の欠点というか雇われる働き方というのはリスクがあると思いました。従業員が希望すれば雇ってもらえるけれども、条件を決めるのはあくまで企業側で、その条件をのむことができないのであればそこで終了、となるということです。

【定年後の生活】

定年をしてからは、アフィリエイト以外に大手家具販売店でアルバイトもしています。理由としては二つあります。一つは体が動かせるということ。もう一つは人や社会との接点を持てるということです。アフィリエイトでは人との接点がなくなるため、そのバランスを取ることは大事だと思っています。何となく学生時代を思い出すような生活をしています。現在、音楽ソフトのサイトをメインとして稼いでいますが、ほかにもおじさん関連や旅行関連なども運営しているので、コロナが収束したら京都旅行などして全てブログにアウトプットしていきたいと思っています。

【定年後のアフィリエイトはおすすめ】

定年後の仕事としては良いと思います。定年後の贅沢は学ぶことだと思っており、映画を観たり音楽を聴いたりしてそれを発信し、誰かが読んで参考にしてくれるというのは嬉しい。情報を常に仕入れてはアウトプットしていくからボケないと思います。

以上が米丸さんへのインタビューでした。アウトプット前提でインプットしている米丸さんのように、私もどんどんアウトプットしていきたい、といつもお手本にさせてもらっています。

〈農業〉

農業というパラレルキャリアもあります。**本業を持ちながら、農業に取り組んでいる島興作さん（仮名。信州在住、金融業界で働く55歳）にミニインタビューしました。**

元々家族や親戚でやっている田んぼや畑があるので、それを続けています。今は本業をしながらなので、比重としてはそんなに大きくないですが、定年をしたらもう少し力を入れていきたいと思っています。地域の野菜生産者のコミュニティや採れた野菜で料理をする会などもあるので、定年後には積極的に参加したいと思っています。食堂などとコラボレーションしていくのも面白いと、農産品を活かすために何ができるか考えています。やっぱり田舎の風景、美しい緑や清らかな水流などは残していきたいという想いがあるからです。

ほかにも、定年を迎えたら相続の相談も受け付けたいと、今準備をしているところです。本で調べたりもそうですが、相続終活専門協会に入会し情報をもらうようにしたりもしています。「おじさんＬＣＣ」に入ったのは、職場以外の同世代と関わりを持ち、考えや行動を共有したかったからです。地域にはなかなかそういう場がないのと、コロナのこともあるので、オンラインには特に抵抗感はなく入っていくことができました。

以上が、島興作さんへのミニインタビューでした。島さんは実は会員№１の方です。「おじさんＬＣＣ」を始めたはいいけれども「誰も来てくれなかったらどうしよう？」と不安があったときに申し込んでくださった、本当にありがたい存在です。

〈その他〉

様々ありますが、「スキルマーケット　coconala」を覗いてみてください。その名の通り学習、ＩＴ、ＷＥＢ、悩み相談、美容、ファッションなどに関する様々なスキルを、形あるものから形のないものまで幅広く取り扱っています。「おじさんＬＣＣ」メンバーの中には、市販本が出ていない試験の対策のために、これまで自身が勉強したことをまとめて自作の問題集を一冊５０００円以上で売ったり、悩みを抱えた人のためにカウンセリングをしたりしている方もいます。

「副業禁止」の場合の抜け道

企業によっては「副業禁止」というケースがまだまだあります。会社に勤めている以上、その規則を遵守し、仮に違反をしたのなら相応のペナルティが科されることは当然です。しかし、会社が定年後のあなたの生活までを守ってくれるわけでもありません。副業の抜け道は「モラルに反する」と思われがちですが、「組織の自分」とは異なる「あなた自身」が軸になる定年後に向けて、合理的に挑戦していくこともときには必要かもしれません。

また、なぜ副業が禁止なのかを思い切って会社に尋ねてみるということも、やってみる価値はあります。実際に「労災事故などに遭った場合が心配だから」という答えが返ってきたため「オンラインで自宅でできるものならいいのか？」と聞いたところ、すんなりＯＫが出たという事例もあります。

副業禁止の場合、本名を出さずにビジネスネームで活躍する（検索されたときに出てこないため）、または、妻（家族）名義で副業をして、あくまで趣味で手伝っていると言い切る。この場合、『いますぐ妻を社長にしなさい　サラリーマンでもできる魔法の資産形成術』坂下仁（サンマーク出版）が参考になります。

しかし、ここで副業をする一番の目的を確認します。定年後のセカンドキャリアをスムーズにスタートするためです。自分にはどんな価値があってどんなことなら社会で需要があるかを見極めるためです。今、お金を得るためではないということです。となると、副業にこだわらなくても良いということです。そのため、次はボランティアについてお伝えします。

「ボランティアとプロボノ」

「ボランティア」という言葉に抵抗のある方はいませんか？　最近までの私がそうでした。無償で自己犠牲をして奉仕する、福祉的なものというイメージがあり、気恥ずかしいというか何だかムズ痒《がゆ》さがあるというか……。「震災復興ボランティア」など個々の活動を聞くと抵抗はないのですが、「ボランティア」という言葉自体には、人間的に未熟な私には抵抗がありました。

しかし、ボランティアとは「無報酬の奉仕活動」ではなく、**「自己の自発的・主体的な意思によって社会問題の解決や必要とされている活動を理解・共感し、勤労とは別に労働力、技術、知識を提供すること」**と定義されているそうです。

「自己の自発的・主体的な意思」によって動くとなると、これはキャリア開拓に効果的です。「自分のキャリア開拓のために」行く、というほうが私のような無報酬の奉仕活動に照れがあるタイプの人間には良さそうです。

一方で、「プロボノ」という活動をご存じでしょうか？　ラテン語の pro bono publico の略で、「公共善のために」を意味します。**「社会的・公共的な目的のために、職業上のスキルや専門知識を活かして取り組むボランティア活動」**のことです。一般的なボランティアよりも、より自分の専門性を活かせる活動です。乱暴な言い方をすれば、ＷＥＢデザイナーや営業経験者が平等に街の清掃をするのが一般的なボランティアだとすると、あるプロジェクトのためにＷＥＢデザイナーはＨＰを作成し、営業経験者はできた製品を売る、という役割を担うのがプロボノです。どのように見つけるかですが、プロボノマッチング団体があります。主な二つをご紹介します。

ＮＰＯ法人サービスグラント

プロジェクト数が最も多い団体。私もオンライン説明会に参加しましたが、システムが整っていて安心感がありました。会社でプロジェクトを進めることと違い、知らない人同士が初めて一緒に仕事を進めていくと、ちょっとした行き違いや問題が起こってしまいそうですが、スタッフが出てきて調整してくれたりするようです。

ＮＰＯ法人二枚目の名刺

「自分を社会に活かすために持つ、もう一枚の名刺」と言う通り、個人がスキルを活かしたり、可能性を知ったりするために、本業以外のパラレルキャリアを推進しているところにグッときます。「おじさんＬＣＣ」のメンバーが美容関連のプロジェクトに参加したことがあるそうです。幅広い職種や専門性を活かせる場があるのが特徴です。

とかく組織の中に身を置いていると、「自分とは何か」アイデンティティが分からなくなることもあります。しかし、本章で紹介したような様々な行動をして、アウトプットそしてアダプタビリティを意識すれば、「自分とは何か」がおぼろげであっても見えてくると思います。それこそが定年後のライフキャリアに反映されるべきものです。ぜひ参考に、ご自身ならではの実践を行ってください。

コラム④　プロティアンとの再会

私が経営するプロティアン株式会社は、定年後のライフキャリア形成を念頭に、おじさんたちを応援するためのサービスを行っています。「おじさんLCC」の運営やおじさんのためのセミナーの運営をしていますが、最初からこういったライフキャリア形成の応援事業を行おうとしていたわけではなく、前身は純粋な転職エージェントでした。

コラム①で紹介した通り、私は三菱倉庫という物流会社に勤めていましたが、その後、ミドル世代の管理や専門職に特化させた転職・人材紹介をするJACリクルートメントという企業に入社し、帝京短期大学キャリアサポートセンターに勤務後、純粋な転職エージェントを立ち上げるに至ったというわけです。しかし、これには誤算がありました。「転職・人材紹介業界の経験があるから」という軽はずみな気持ちで立ち上げた転職エージェントでしたが、実際に「転職希望」としてご相談に来られる50代以上の方に接し、転職先を紹介しようと思ってもなかなかつながりませんでした。

そもそも50代以上の求人が希少だということ、仮にどこかの企業に1名分の求人枠が出ると、1日で50名以上からの応募があります。書類選考・面接を通過するまでに49名の方が落とされることになります。

当たり前の話ですが、この厳しい現実がショックでした。また、ご相談に来られる方の履歴書・職務経歴書を拝見し、接してみるとお人柄も良いし、スキルも経験もある。それなのに49名の「落とされる方」に振り分けられてしまう現実が、とにかく悔しく思いました。そこでボンヤリと思ったことは「日本における50代以上の求人を増やすことは、私一人ではできない。それなら転職という一時的なサポートではない方法でこういった方々のスキルや経験を活かせるよう、応援できるものはないだろうか」ということでした。ただ、この時点ではまだおぼろげで「セミナーを運営するなどして、50〜60代の方々の『講師への道』を応援するのが良いかな」といった程度で、「定年に向けたプロティアン・ライフキャリア支援」といったアイディアはありませんでした。このときは、プロティアン・キャリアという理論はもちろん知っていましたが、そこまで響いておらず、数あるキャリア理論の一つでしかありませんでした。

しかし、2019年8月23日の三つの出来事により一転します。

一つ目は次章でも登場する三井宏文さんとの出会いでした。三井さんは2019年に、私の事務所に「講師をやってみたいのですが、仕事はないですか」と来られました。三井さんは「自分よりも少し下の世代の50代の人を対象にした、定年までの準備を伝えるような講師をやりたい」とおっしゃっていました。「自分は定年に向けてこんな準備をしてきた」「定年後のために早い段階から準備をしておいたほうが良い」といったことを伝えたいと。

二つ目の出来事は、坂井二朗さんとの再会です。坂井さんは私がキャリアコンサルタント講座を受講したときの仲間で、同じく、その仲間が主催した講演会「AI時代の戦略的生き方のすすめ～変革と成長を促す思考法」で再会しました。その際、坂井さんが「50代の男性は服装がイケてない。ファッションでおじさんを元気にしたいんだ」とおっしゃっていました。三井さんと同様、坂井さんも50代男性を対象としていることに驚きました。

三つ目は、坂井さんと再会したその講演会の内容でした。主に、AI時代になくなる仕事やなくならない仕事、必要とされる人とそうでない人という内容ではあったのですが、その中で少しだけプロティアンという言葉が出てきて「変幻自在」「自律的」などの言葉が紹介されていました。

そこで私の中でスパークが起こりました。「おじさんによる、おじさんのためのセミナーをしたい」「教えたり教えられたり、おじさん同士がお互いに刺激し合う場を作りたい」「定年をしたら組織から離れるのだから、自律的なキャリア開拓は絶対に必要だ」「定年前後の方の支援がしたい」「プロティアンこそがおじさんたちを応援するためのキャリア理論だ」「プロティアンっていう響きもカッコいい」「プロティアンに社名変更して再スタートせねば！」と。このような経緯でプロティアン株式会社として再出発することにし、さらに、現在のような事業をスタートさせることになりました。

社名変更するにあたり、「プロティアン」という社名の会社はないか念のため調べてみましたが、なかったので胸を撫で下ろしました。しかし、ネットで「プロティアン」と入力すると、まさに2019年8月の新刊で法政大学の田中研之輔教授が『プロティアン　70歳まで第一線で働き続ける最強のキャリア資本術』（日経BP）という本を出されていました。「わー！　プロティアンだって。どうしよう。キャリアの権威とも言える法政大学の教授に〝乗っかる〟と思われたら申し訳ないし恥ずかしいな。見つかったら怒られるかしら？　いやこんな小さい会社だし、見つからないよね。それにきっとプロティアンブームは来るから、むしろ乗っかっちゃえ！」と思い切って登記してしまいました。

その後、Facebookで田中教授から連絡をいただいたときは「ぎゃ、とうとう見つかっちゃった。怒られるのかしら？」とドキドキしたのですが、むしろお仕事のお誘いで、田中教授の懐の深さに驚くとともに「プロティアンに社名変更してよかった！」と改めて思いました。

実際にお会いしてお話をしてみると、プロティアンを自ら実践されている素晴らしい方で、「教授だから理論や研究や評論など机上のことばかりなんだろうな（すみません、偏見です）」という考えはすぐに打ち消されました。とてもフットワークの軽いスーパービジネスマンです。本章の最後に田中教授との対談も掲載していますので、参考にしてください。

第5章

7名の事例

～現在進行形インタビュー～

定年退職後は、「社会貢献」の実感を得られる職に就きたい

——じぃさん（58歳／役職定年まであと2年・定年まであと7年）

略歴 1962年兵庫県生まれ。理系大学卒。大学を卒業した80年代当時、情報処理やシステム開発は最先端の職ではあったものの、大学からの推薦が得られず、また新卒雇用は限られていたため、希望していた電子メーカーではなくシステム開発に関わる大手銀行の子会社に就職。以降、数度の転職からコンプライアンス統括部など様々な部署を経験し、現在は銀行のシステムセンター所長の職に。プライベートではアマチュア無線クラブや公園の愛護会などにも参加したこともあったが、単身赴任などを機に足が遠のき、現在は社外の友人はほぼいない。定年後はこれまでやってきたシステム開発ではなく、様々な仕事をやってみたいと考えている。家族は妻、長女、次女。休日は趣味である自転車に乗って妻と一緒に出かけることが多い。

資格・取り組み 保育士と電気工事士の資格を取得している。情報処理安全確保支援士資格試験を4回目で合格。電験三種資格試験4科目中1科目合格。残り3科目を2年以内に取得する予定。

継続雇用とお金の問題

――現在は銀行のシステムセンターの所長をされていますね。

じぃ　はい。勤めている銀行では定年間近の人がこのポストに就くことが多く、私も慣習にならって所長になった感じです。役職定年まではあと2年弱、定年退職まではあと7年弱あります。継続雇用希望者は途中で辞めていく人が多いです。

――どうしてですか？

じぃ　継続雇用だと報酬がグンと下がるんです。さらに62～63歳くらいになると、アルバイトと変わらないくらいの賃金になる人も多いので。ただ、退職後、転職や独立を具体的に考えている同僚は少ないようです。

――そういった将来の話を同僚とする機会はありますか？

じぃ　なくはないですけど、いろいろな人とは喋らないです。ただ、人によっては

「住宅ローンが残っているから、退職金で残額を返済して、そこからは別の仕事をしたいんだ」なんていう話を聞いたことがあります。

――定年後の生活をする上で「住宅ローン」などは大きな壁になるような気もします。

じい　私は賃貸なので住宅ローンの問題とは少し違うんですけど、不安に思うところは同じです。定年後、お金をどうやりくりすべきかという点ですね。

定年後にやってみたいことはたくさんあるんです。複数の仕事を掛け持ちするのも楽しそうですし、「趣味の自転車で観光案内の仕事をやる」なんていうのもやってみたいです。若い頃は「定年後は、仕事をせずに生活したい」なんて思うこともありましたが、いざこの歳になってみると「いろいろな仕事をやってみたいな」と思うようになりました。

ただ、やはりここでネックになるのが「お金」です。賃貸とはいえ毎月まとまった金額が出ていきますので、「そこそこ稼がないと厳しいだろう」と思って。現在はとても迷っていて、「模索をしている」という感じです。

「サラリーマンは「役に立った」という実感を得にくい」

——ただ、積極的に社外に目を向けた実践はされているようですね。また、資格も複数持っていらっしゃいます。

じぃ　もともとは持っていなかったんですけど、銀行の部署異動先によっては、特化した資格を取らされることがありました。正直「仕方がないから勉強して取った」みたいな感じでしたが、そこで気づいたこともありました。「どうせなら、定年後の自分に役立ちそうな資格を取ったほうが良いだろう」ということです。それで、現在の職とは全く関係のない電気工事士や保育士の資格を取得したりしました。

——電気工事士と保育士自体はかけ離れた資格のようにも思えますが、この二つを取得した理由は何だったのですか？

じぃ　電気工事士資格を取った理由は、高校時代にアルバイトでやっていた電気工事が楽しかったので、もう一度やってみたいと思ったからです。そして、保育士は直接的に子どもや親御さんからのレスポンスがあり、「役に立った」という実感を持てそうだからです。「『役に立った』実感を持てる」という点で言えば、私の中では電気工事士も保育士もそれほどかけ離れたイメージはないんですね。

——どういうことですか？

じい　電気工事の場合、工事作業を終えた後に何かが使えるようになります。その際に「役に立った」という実感を持てるという点では、今言った保育士の仕事と同じなんです。今までに銀行でやってきたシステム開発の仕事は、とにかく「取り組んだプロジェクトを終わらせること」だけに注力し、「状況を上司に説明する」「経営陣に説明する」といったことが中心で、肝心の「社会にどう役に立っているのか」という実感がわかないんです。

——当然、銀行でやられていたシステム開発も社会貢献度は高いと思いますが、個人的な「レスポンスがない」ということですか？

じい　そうです。サラリーマンは皆そうだと思いますが、何かの仕事に取り組み完結させたとしても、フィードバックと言えばせいぜい「ボーナスが増えた」くらいです。

実際に「ありがとう！」「役に立ちました！」といった声を聞くわけではありません。

またシステム開発は、例えば建築のように「橋を作った」といったように目に見えるカタチで残るものではなく、仮に革新的なシステムを開発してもなかなかクローズアップされないものなんです。一方、失敗すると途端に叩かれるのもシステム開発であったりするのです。ですから、こういった仕事は定年までにして、定年後は会社に縛られることなく「実感を持てる仕事」に就きたいなと思っています。

余談ですが、保育士の資格を取るための実習で保育園に行ったんですよ。最初「おじさんが来たら、保育園の子どもたちは警戒するんじゃないかな……」と思ったのですが、子どもたちは「初めて見る人」を珍しく思うみたいで、皆が私のところに集まって来てくれる。

私の手をつないで離さない女の子までいて、「こんなにモテたの人生で初めてなんだけど」と思いました（笑）。こんな風に、定年後は実感を得られるような仕事に就けたら良いなとおぼろげながらに思っています。

「定年後は「競争社会から降りる」職に」

――現在、じぃさんは「おじさんＬＣＣ」に参加されていますが、コミュニティを知るきっかけになったのは何だったのですか？

じぃ　定年後の生活に不安を持っていましたので、最初は「定年」というキーワードでアレコレと検索をしていました。その中、ピーティックスというグループイベント管理サービスを介し、実施しているセミナーに参加させていただきました。そのとき、司会をされていたのが金澤美冬さんで、最後に「おじさんＬＣＣ」も紹介してくださってという流れです。

――セミナーやコミュニティに参加される上で、臆したり気負ったりすることはありませんでしたか？

じぃ　私自身、現在も模索中ですし、最初はもっと手探りでした。ですから、「すごく積極的に参加した」というわけではなく、むしろ「ちょっと、どんなものだろうか」という程度でした。しかし、実際に参加してみると、銀行の中では気づけなかった考えや自分一人では見つけられなかったやり方などを知る機会が多く、すごく楽しみながら参加させていただくようになりました。臆する、気負うということで言えば、私の場合、むしろ会社の中にいるほうが気負うことが多いかもしれません。ほかの業種は分かりませんが、おおむね会社というものは「競争」ですよね。会社同士の競争もあるし、会社内での競争もある。特に銀行は階層構造が強く上下関係も明確なので、もしかするとそういった競争度が強い組織かもしれません。

まだはっきりと自覚を持っているわけではありませんが、「競争社会から降りたい」という思いが私の中に潜在的にあるかもしれません。その点、「おじさんＬＣ」に参加されている方々と競争することはなく、同じ方向に向かっていく仲間のようなんですね。先ほどの保育園児の話もそうですけど、様々な人と接することで「仕事をしている」という実感を得られると、やっぱり嬉しいものです。定年後のイメージはまだおぼろげだし、まだはっきり決められていませんが、これからもいろいろと参加して可能性を広げていけたら良いなと思っています。

金澤さんのひと言

「人からダイレクトに感謝されたり、社会でどう貢献できているのかが分かること」が、じぃの定年後の活動のポイントになりそうですが、逆に言うと本当にこれまでよく頑張ってこられたな、と胸が熱くなりました。きっと多くのサラリーマンが多かれ少なかれそういう思いをしてきていると思い、ますます応援したい想いが強まります。

「銀行システムの管理職」と肩書だけを聞くと、威張っているんじゃないかと想像されるかもしれません。実際、私が自己紹介で「おじさん専門のライフキャリアコンサルタントをしている」と言うと、「おじさんはプライド高いから大変でしょう？過去の肩書をひけらかすんでしょう？」などと言われることもあります。でも、そんな方は私の周りにはいません。じぃは面白くて癒やし系です。そりゃ保育園児にもモテるだろうな、という気がします。

やはり人柄は大切で、良い人は誰もが応援したくなるもので、定年後の不安の一つである「孤独」も逃げていくと思います。

〝ザ・ダメリーマン〟が亡き父の手紙を見て一念発起！
パラレルキャリアを実践する〝片付けパパ〟に

――大村信夫さん（47歳／定年まであと13年）

略歴　１９７４年青森県生まれ。国立大学卒業後、大手電機メーカーに就職。その後、別の電機メーカーに転職し、20年以上マーケティング部門の業務に従事している。ただし、40代までは自他共に認める〝ザ・ダメリーマン〟だったとか。生まれてすぐに亡くなった父親が遺した手紙を読むまで、肝機能の指標であるγ‐ＧＴＰが５００近くを叩き出すほどの酒浸りの日々を送っていたという。しかし、その手紙を読み「人生を変える」ことを決心。以降、様々なセミナーや異業種交流会などに参加しては自身がすべき方向性を見定めていたところ、たまたま「整理収納アドバイザー」という資格を知り取得。以降、パラレルキャリアを実践し、合計２０００人ほどのメンバーを抱える八つのコミュニティを運営。自著『片付けパパの最強メソッド　ドラッカーから読み解く片付けの本質』（インプレス）も刊行し、会社業務と並行してワークショップやセミナーなどで日本全国を東奔西走している。家族は妻と高校生、中学生、小学生の子ども３人。妻もフルタイムで働いているが、コロナ禍の影響で夫婦とも在宅。よって、一緒に過ごす時間は多いとのこと。

資格・取り組み　整理収納アドバイザー１級、家電製品アドバイザーなど。また、コミュニティ運営のほか、日本マーケティング学会会員、一般社団法人日本片付け整理収納協議会準会員としても活動している。

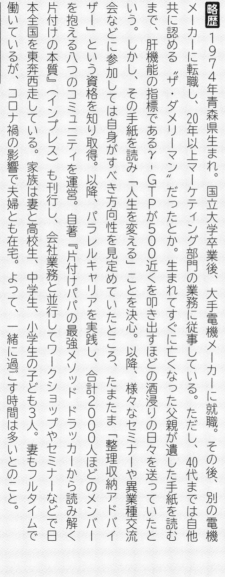

「四〇にして惑いまくっていた〝ザ・ダメリーマン〟の日々」

――大村さんは青森県ご出身ですが、生後すぐにお父さまが亡くなられ、学生時代にバブル崩壊を受け、一浪して大学に進学したものの就職活動時はいわゆる氷河期だったなど、若い頃はかなりご苦労をされたように思います。

大村　今思えば、確かに他人とは違う環境でしたが、自分自身はそれほど苦労したとは思っていません。例えば、父親がいなかったことも当たり前でしたし、正直貧乏ではありましたが、母も姉も優しかったのでひょうひょうと育ったように自分では思っています。

高校時代にバブル崩壊があり、当初は私立文系の大学を目指していたのですが、「文系の就職は難しいだろう」と理系に転身し、一浪の末に国立大学の工学部に入学しました。ただ、「就職」ということだけを目指して進路を決めていたため「将来何をすべきか」「何をやりたいか」ということは全く分からなかったです。

運良く、電機メーカーにシステムエンジニアとして就職することができて３年間勤務しました。以降、別の電機メーカーに転職してから現在まで20年以上マーケティング部門の業務に従事しています。ただ、これまで仕事に対して情熱を注いできたかと言うと、ちょっと疑問符がつきますね（苦笑）。もちろん上司から指示されたことはこなしますし、必要なら残業もします。でも、仕事が終わったら毎晩のように同僚と飲みに行き、家事や育児を放棄するような典型的な〝ザ・ダメリーマン〟でした。

――だいぶ、お酒が好きだったとお聞きしています。

大村　ハンパじゃなかったですよ。毎晩飲み歩いていて、人間ドックでγ‐ＧＴＰの値を計ったら、標準が０〜50のところ私は５００近くを出すこともありました。この数値を見たお医者さんから「人間ドックの前日は飲んじゃダメって知っていますよね？　昨晩飲んじゃったんですか？」と言われましたが、前の晩はきちんとお酒を抜いていました。それなのに、この数値です（苦笑）。お医者さんが呆れて「じゃあ、週に何日飲んでいるんですか？」と聞いてくるのですが、「週８日か９日くらいは飲んでいます」と冗談で答えたら、メチャクチャ怒られたりして（苦笑）。「ダメですよ、そんなことじゃ！　こんな数値、普通じゃないんですから！」とまた怒られました。しかし、それでも「まぁ、別にいいか。死んじゃってもいいや」みたいな感じで反省することはなく、ずっと自堕落な生活を送っていました。「四十にして惑わず」という言葉がありますが、私の場合は惑いまくっていました。おそらく「自分が何のために生きているか」ということを全く考えていなかったからだと思います。

「義務教育では「やるべきこと」の探し方は教わらない」

――そんな生活を送っていたある日、生前のお父さまが遺した手紙を読む機会があったそうですね。

大村　たまたま実家に帰ったときのことですね。父は生前、航空自衛隊に勤務していて、気力・体力はもちろん健康面でも優れており、自信もあったそうです。

しかし、急性骨髄性白血病を発症して亡くなりました。その手紙は余命幾ばくもない状況で親戚のおじさんに向けて綴られたものでした。手紙の趣旨は「自分がこの世を去った後、家の処分をどうするか」「事務手続きをどうするか」といったものでしたが、後半は若くしてこの世を去ることの落胆、後悔、無念さみたいなものが手紙に綴られていました。

父は私が０歳のときに亡くなったので、私は父の記憶がなく、後で話を聞いたりしても、正直どこか赤の他人のような、知らないおじさんのことのような印象でした。しかし、この手紙で初めて父と繋がったような感覚がありました。特に「時間の大切さ」について書いてありました。私は「お酒とうまい距離感で付き合うことができません。お酒で時間を浪費していました。そうなのであれば「お酒を一気にやめよう」と、父の手紙をきっかけに心を入れ替えることにしました。以来、６年が経ちますが、あれだけ好きだったお酒を一滴も口にしていません。

同時に始めたのは、「自分は一生をかけて何をすべきだろうか」というミッションを探すことでした。正直、まだ何をすべきかは分からないですが、様々な異業種交流会やセミナー、それこそちょっと怪しげなものにも行ってみたりしました。「自分が一生をかけてやるべきこと」は、自分の中だけでは見つけることができないんですよ。

日本の義務教育では「やるべきこと」の探し方なんて教えないし、習ってきていないので。

——行動したり、他者の意見を参考にすることで、「やるべきこと」が定まってくる。

大村　まさにそうです。怪しげなセミナーに参加してしつこい勧誘を受けることはありましたが（苦笑）、総じて言うと「会社外の世の中もそんなに怖くないな」ということも知ることができました。また、いろいろな人と接することで、それまでに自分には考えられなかった考え方や価値観を知ることができ、また、自分自身の価値観も相対的に定まるところもあり、本当に有意義な経験をさせていただきました。

偶然を掴む

——そういった取り組みの中で、「整理収納アドバイザー」という資格があることを知ったのですか？

大村　いえ、これはたまたま偶然だったんです。それまでうちの家はいつも散らかっていて、これが原因で家族間の喧嘩《けんか》になることが多々ありました。毎朝「あれがない、これがない」「だから言ったでしょ。昨日のうちに準備しておきなさいって」みたいな喧嘩が始まり、イヤな雰囲気が毎朝漂うという（苦笑）。

ただ、「片付けができない」「掃除ができない」というものは性格とかセンスの問題でどうすることもできないと諦めていたところがありました。また、繰り返しになりますが、40歳まで飲み歩いていたため、それまでちゃんと家族と向き合っていませんでした。家族と会話をする時間よりもお酒を飲んでいる時間のほうが多かったので。

しかし、あるとき高校の同窓会がありました。それまで私は同窓会というものが苦手でした。そこに時間を割くより「お酒を飲んでいるほうが楽しい」と思っていたのですが、お酒をやめていろいろな人と接するように心がけていたこともあり、約20年ぶりに同窓会に参加することにしました。

そこで再会した昔のクラスメイトの一人が〝片付けのプロ〟の資格を持っていて、「それを仕事にしている」と言うわけです。「何それ！」と思って「じゃあ、ちゃんと報酬を払うから、一度家に来てくれないか」とお願いをしました。実際、彼女は一気に家の中を整理してくれました。驚きましたが、さらに聞くと「片付けには、きちんと理屈がある」「それを習得すれば、誰でも片付けができるようになる」とも教えてくれました。その話に「なるほど」と思いました。それから私自身も整理収納アドバイザーの資格を取ることにし、以降様々なセミナーなどでお話をさせていただくようになりました。

――行動をきっかけに偶然が重なっていって、現在のパラレルキャリア形成につながったとも言えますね。難しい言葉で言うと〝計画的偶発性理論〟とも言えるような。

大村　そうです。行動しなければこういった偶然も掴めなかったでしょうし、本当にお酒をやめて良かったです。

――ご家族はどんな風に見ていらっしゃいますか?

大村　それまでのダメ父さんぶりを知っているので、「ずいぶんマシになったものだ」と好意的に見てくれていると思います（笑）。

「土日の休みは松下幸之助の「1日教養・1日休養」を実践」

――現在、会社での仕事と、パラレルキャリアやそれ以外の仕事とでどう区切りをつけていらっしゃるのですか？

大村　平日の晩は仕事外のコミュニティやパラレルキャリア関連のアウトプット、それと読書やセミナーなどのインプットを行っています。

また、週間単位では松下幸之助さんの「１日教養・１日休養」を実践しています。基本的にサラリーマンは土日が休みですよね。このうち、土曜日は「教養」としてパラレルキャリアの活動をメインにしています。セミナーの開催などですね。そして、日曜日は「休養」として会社の仕事も、パラレルキャリアの活動も完全にブロックし、家族と過ごす時間に充てています。

――人によっては、本来休日であるはずの土日にも何らかの会社の仕事がこぼれたり、メールや電話が来たりと、はっきり区切りがつけられないケースもあると思います。どうしたら、タイムマネジメントすることができるでしょうか?

大村　私の会社は携帯を持たされていないので、電話がかかってくることはまずありません。メールも意識的にいっさい見ないようにしています。「土日は会社の仕事はしない」とはっきり決めているからです。そうしないと、確かに会社の仕事がズルズルと続いて、それ以外のことができなくなりますので。

「会社以上に感じられる、世の中への貢献の見返り」

――現在、合計2000人ものメンバーを抱える八つのコミュニティを主宰するほか、セミナーも積極的に行っていますが、混乱されませんか?

大村　正直、かなり大変です。自分が主宰する八つのコミュニティのほかに、20くらいのコミュニティにも参加しているため、ほぼ毎晩何かがある状態です。あまりにも忙しいので、最近はすべきことの強弱をつけ、お任せできるものは他人にお願いしたりしています。ただ、こういった忙しさも、以前の私から考えると、本当にありがたいことですけどね。金銭的に儲けは出ていませんが、例えばコミュニティを主宰すると感謝されることが多く、これが一番嬉しくありがたいことです。

――自著も出版されるなど、その活動はコミュニティ外にも広がりつつあるとお聞きしています。同僚からはどんな意見がありますか？

大村　当初、お酒をやめてこういう活動を始めた際、飲み仲間からは「なんだあいつは。なんか変な宗教でも入ったのか」みたいに言われることもありました。ただ、うちの会社は他人のプライベートにとやかく言う人はおらず、「ふーん」という感じですね。ただ、社外で「面白い人がいっぱいいる」ことに気づいたことで、私自身が結果的に社内にも目を向け「面白いことを考えていそうな人」を探すようにはなりましたよ。こういったことから、社内での同僚との接し方、関係の作り方も少しずつ変わってきているように実感しています。

「10年間で3回くらいしかやり直しがきかないからこそ、早い段階での行動がベター」

――定年後は、現在のパラレルキャリアを飛躍させ、仕事として成立できるように考えていらっしゃいますか?

大村 そうです。今忙しくしているのは、まさに定年後に引き続きやって行き、仕事としてできるようにと思ってのことです。ただ一方で、本当に定年を迎えたときに「これが絶対にやりたいこと」なのかどうかは分からないとも思っています。どんなことをするにしても、やはり3年くらいはかかるし判断できないと思うのです。

そう考えると、10年間で3回くらいしかやり直しができないわけで、退職寸前に「何かを見つけよう」と思ってももう遅いですよね。定年後は特に「人間関係」が力になってくれると思いますが、人と人との関係はそんな簡単に花を咲かすことはできません。ある程度の期間を経てできていくものです。退職寸前に「新しい事業を始めることにした」と急に名刺を配っても、おそらく仕事に結びつくケースは稀のように思います。これらのことから、もし定年後に向けて何か会社外での取り組みを考える方がいるのでしたら、「行動は早ければ早いほうが良い」と思います。

――現在の会社員としての「働き方」と、定年後の「働き方」は考え方も違いますか？

大村　はい。勤め人の間は、言わば「ご恩と奉公」のように、上司の意見、上司の命令があり、自分がやりたくない仕事でも割り切ってやることもあると思います。なぜなら、そのことで会社が自分を守ってくれているからです。それと引き換えに会社から守られている面もあると思います。

一方、定年後は言わば自分一人が自分の生活を守る存在となり、全て自分が切り開き、取り組んでいくことになります。この働き方の差は大きいですが、だからこそ早く行動したほうが良いと思いますし、私自身も実践を繰り返しているところです。

金澤さんのひと言

「人と人との関係はそんな簡単に花を咲かすことはできません。ある程度の期間を経てできていくもの」という言葉が刺さります。だからこそ大村さんはたくさんのコミュニティを主宰したり参加したりして、徐々に育むことを意識的にやっていらっしゃるのだと思います。やはり、そういう、いつのまにか信頼関係が築かれ、いつのまにかお互いの仕事や人柄について知るようになり、いつのまにか仕事につながる、ということが本当に多いと思います。

私も大村さんのコミュニティにどんどん参加させていただこうと思っています。偏りがちな私の学びに、強制的にでも勉強する機会が得られそうですし、お仕事にもつなげられたら嬉しいですし。

大村信夫さん

片付けパパ大村さんの公式 HP　https://omuranobuo.net/

Facebook　https://www.facebook.com/nobuo.omura.9

Twitter　https://twitter.com/katazuke88

「死ぬまで現役」でなければ、マグロと同じですぐ死んでしまうと思います
──石井義之さん（46歳／定年まであと11年）

略歴　１９７４年千葉県出身。慶應義塾大学卒業後、大手通信企業に就職。法人営業、人事、広報、経営企画などを経験した後、グループ会社である生活インフラの自動検針や監視業務を行う会社に出向中。現在の役職は部長で、今のところ定年を迎える際、雇用延長する希望はないものの、むしろ「定年」という枠組み自体を考えないことを前提に「死ぬまで現役」「周囲の環境から求められる仕事をし続けたい」と考えている。妻と小学生の子と円満な家庭を築いている。

資格・取り組み　ＩｏＴの資格を持ち、現在はキャリアコンサルタントの資格を取得するため勉強中。取得できた暁には、資格活用だけでなく資格を通じて学んだことを、資格と親和性の高い仕事に活かしていきたいと考えている。

「モーレツ社員として働いた結果……」

――現在は大手通信企業のグループ会社に出向され部長職でいらっしゃいますね。

石井　もともとは本体会社にいましたが、いまはグループ会社に出向して部長職をしています。役職定年は57歳くらいだったと思うので（笑）、あと10～11年くらいですかね。今の会社では、私は若いほうなんです。現在、部長職を担っていますが、同年代ではまだ担当者が多く、また課長などの役職のある人たちは自分よりさらに上の世代が多いです。

――そうなると、同じ目線で「定年後」「セカンドキャリア」の話をできるような人はいなさそうですね。

石井　全くいないですね。同年代で話すことと言えば「今の仕事の愚痴」だけです（笑）。それは冗談として、少し上の世代の方と話をしても、グループ会社ということもあるのか普通に雇用延長を希望される方が圧倒的に多いと感じています。そのため「定年後」「セカンドキャリア」について、ますます話をする機会はないですね。

――ある意味では、古い体質と言えそうでしょうか。

石井　自分が入社したときと比較すると、だいぶ変わってきたのかなとは思います。ただ、当初の私は「定年後」や「セカンドキャリア」はもちろんのこと、自分自身という存在を世の中に最大限活かすためにどうすべきなのかといったことを考えることもなく、ひたすら会社から与えていただく仕事に対してモーレツ社員として働いてきました。ある意味、世の中を見ず、与えられた仕事に熱中していたのですが、今考えると自分が本当にやりたいこととのギャップを顧みずにやり過ぎた結果、40歳を過ぎた頃に体調を崩してしまいました。

いわゆるメンタル的な病気として診断されたのですが、このことで会社を長期にわたって休むことを余儀なくされてしまったのです。同僚には本当に迷惑をかけたなと思っています。ただ、この休養が自分にとっては良い時間でした。冷静に「自分がいる会社」と「会社以外のこと」をゆっくり考え直すことができたからです。そこから、たどり着いた考えは「会社という組織の中だけで過ごすのはもったいない」「もっともっと何かできるはずだし、それを自分もやっていきたい」ということでした。「少し休んで回復できたら、会社の仕事はもちろん、それ以外のこともやっていきたい」と思い、復帰前後からそれまでにはしていなかったことをいろいろと始めるようになりました。

「休養中に一念発起。それまでとは違う行動と実践を行うように」

――どんなことを始められたのですか?

石井 休養中もですが、少し体調が戻ってきてから、様々なセミナーに毎日のように通うようになりました。まずはＩＴ系ですね。私の会社もＩＴ系の部類に入るのですが、職場で働いているうちは、目の前の仕事に集中するあまり、未来のテクノロジーのことまでは考えられていなかったと思います。周りの社員も同じだったかもしれません。そのため、ＩＴ系のセミナーに参加し、そこで得た最新の取り組みや情報を会社にフィードバックし、もちろん自分自身にも活かすことができれば良いなと考えてのことでした。実際、今では当たり前になりつつある「ＩｏＴ」に対しても、当時の私は言葉では理解できていても、どんな技術が使われ、どのように生活に役立っていくのか、具体的なことはよく分かっていませんでした。それを私が学び、さらに社内の業務にも取り入れることができたら、自分も含めて社員全体でも最新技術の活用方法を体感できるわけで、その理解度も加速するのではと考えていました。

――日本の社会全体では、〝新しいことへの取り組み〟に及び腰になる先入観がまだありますが、社内ではＩｏＴの活用を受け入れてもらえたんですか。

石井　確かに、新しいことを始める際には失敗する可能性も大きいため、そのリスクを背負うことを毛嫌いする風潮は会社に限らず、まだ日本の社会全体にあるのかもしれません。「総論賛成・各論反対」とも言えるかもしれませんね。こういった風潮だからか、「トライアル」という言葉をよく耳にする気がします。要は「斬新なことをいきなりやるのではなく、小っちゃくやって様子を見よう」ということです。このトライアルを逆手にとり、私は自分が担当する業務改善をＩｏＴの力で実現させてみたいと考えました。具体的に言うと、在庫管理や固定資産管理にＩｏＴを取り入れたわけです。それまでは帳簿を片手に紙とペンでいちいちチェックしていましたので、その労力削減という目的を伝えると、すぐに受け入れてもらえました。その点では受け入れていただいた当時の上司には感謝しかないのですが、今で言うＤＸ（デジタルトランスフォーメーション）の先駆けみたいなことで、やってみると思った通りそれなりの達成感があり、自分としてはやりがいを持て、自信の回復にまでつながる出来事だったかと思います。

休養中に擬似体験した「定年後の自分」

――こういった革新的な取り組みの実践は、どのような経緯で思いついたのでしょう。

石井　「頭を空っぽにして」セミナーに参加したことが大きかったと思います。空っぽにしたから、業務の延長線上ではなく、一から最新技術の仕組みや活用方法が頭にすーっと入ってきて、自分なりの発想というものを自然と出せるようになったのだと思います。同時に、私のこのような経験や行動をさらに飛躍させて「第三者のキャリア形成の手助けができたら良いな」と思うようにもなりました。

――現在はキャリアコンサルタント資格取得のために勉強されているほか、「おじさんLCC」を含む2～3のコミュニティに参加されているようですね。会社での仕事をやりながら、こういった社外での活動をされる上で大変なことはありませんか？

石井　現在、キャリアコンサルタント資格取得のための勉強をほぼ毎日やっており、週に2回夜間学校にも通っています。また、コミュニティについては週1～2回程度、ZOOMなどのオンラインで参加しています。でも、今のところ大変なことはないです。キャリアコンサルタントの資格取得後は、より専門性を高めるために大学院にも通ってみたいなと考えてもいます。どうなるかはまだ分かりませんが（笑）。

「もし」という言葉はあまり使いたくないのですが、10年早く気づいて取り組んでいれば、転職などを通じたキャリアアップ、キャリア形成をしていたかもしれませんし、現在よりも多くの社外とのヒューマンネットワークの形成が図れたのかもしれません。もちろん、今の会社での10年間だったからこそ、会社の中で貴重な経験もさせていただいたことはゆるぎない事実としてあると思っています。どっちが良くて、どっちが悪い、と決めつけることは意味のないことだと思うので、今と未来のことしか考えていません。

また、まだ先の話になりますが、今いる会社で定年を迎えた後の雇用延長ということについては、本当に悩むのではないかと今から考えさせられます。定年後に「家にずっといる」ということもあり得ないですし（笑）。はっきり言って「死ぬまで現役」で動き続けなければ、自分はマグロと同じですぐに死んじゃうんじゃなかろうかと思ったりもします（笑）。そして、会社を休んでいる間に分かったことは、誰ともコミュニケーションを取ることなく、緊張感もなく、ただ一人孤独でいるような「暇」という状況には絶対に耐えられないということでした。暇になると、不安というより自分自身が情けなくなってくるんです。休養中に、ふと「俺、定年後こうなってしまうんじゃないか」と思ったんですね。それまでは「定年後の生活」なんて考えることさえしなかったわけですが、あの休養で「このままじゃダメだ」と考え直し行動したことが今につながり、未来にもつながっていくのだと思っています。

「おじさんLCC」は〝質の良いおじさん〟ばかり

――様々なセミナー、コミュニティに参加してきている石井さんから見て、「おじさんLCC」はどんなところが特徴でしょうか。

石井　「コミュニティに属す方たちを受容し、肯定・尊重する気持ちさえある人なら、誰でも受け入れてくれるところ」ですね。実は私は本当に人見知りで、何かに参加する際、自分から「入りたい」なんて言えないんです。そんな私ですが、三井宏文さん（後述）のセミナーに参加させていただいたことをきっかけに金澤美冬さんと出会い、『おじさんLCC』にも、参加されてみませんか？」とお声がけいただき「入りまーす」と（笑）。

実際、参加してみても「おじさんLCC」は自分が自然体でいられるんですよ。私にとってみれば本当に大先輩にあたる方々ばかりですが、皆さん上からものを言うわけでもなく、一人ひとりを尊重し認めてくれます。この点が最も居心地良く感じるところですね。また、このことで一致団結して何かに皆で取り組めば、良いアウトプットを実現できそうなコミュニティだと思っています。これは美冬さんが言っていた言葉ですが、本当に〝質の良いおじさん〟ばかりですので（笑）。別のコミュニティだと、すごくギラギラしているところもあったりしますので、いろいろと試してみながら、自分に合ったコミュニティを見つけていくことが、社外でのつながり、居場所を見出す一番の近道なのかもしれませんね。

「定年後はキャリアコンサルタント資格を活かし「育成」の職を目指す」

――先ほど「第三者のキャリア形成の手助けをする」とおっしゃいましたが、定年後はこういった仕事をしていきたいとお考えですか？

石井　はい。まだぼんやりとですが、強いて言うなら「育成」に近い仕事でしょうか。

私は「団塊ジュニア」の世代で、受験戦争がものすごく過酷だった記憶があります。その受験戦争を乗り越えて就職しようと思ったらバブル崩壊。「就職氷河期の先駆け」と言われた時代を経験してきてもいると思うのです。さらに、今の社会情勢から考えると、年金は70歳になってももらえるかどうかも分かりません。普通にしているだけで、ある意味ではかなり損をしている、もしくは損をする世代なのかもしれませんが（苦笑）。その〝損〟を損としてだけで捉えるのではなく、損なりに見出せたことが必ずあるはずです。そこをじっくりと棚卸しすることで、これらの経験を若い世代に伝えていき、若い世代にとっての活力の一つにしていただけたら本望だなと。

――どういったことを若い世代に伝えたいですか？

石井　「若いうちはとにかく興味があることに集中して取り組み、行動してほしい」と。誰しもが何か自分の中に引っかかるものがあるはずです。「こんなことに興味をひかれるなー」「こんなことが好きだな」とか。そういうものを見つけたら「まずやってみろ」と、応援や後押しするようなことをやっていけたら良いなと思っています。キャリアコンサルタントって「職業を探すための支援をする」みたいなイメージがありますが、それだけでなくその人自身が本当の意味で「何をしたいのか」「どう生きていきたいのか」を見つけることをバックアップすることが肝なんです。

――一方でおじさんの場合、「まずやってみろ」と言われてもできない人もいます。「怖い」「面倒だ」といった理由なのですが、そういった臆する方へのアドバイスは？

石井 こういった方に逆に尋ねたいことは、「あなたが最も恐れているものは何ですか？」と。これを突き詰めて考えていただくと良いんじゃないかと思います。「お金が怖いのか」「社会からの視線が怖いのか」……。お金が怖いのだったらお金を取りっぱぐれないよう生活設計（ライフプラン）を詳細に考えてみたり、節約できることを試してみたり。今すぐでなくてもいいのです。ならば、いつからだったら「やってみる」ことができるのか前を向いて行動すれば良いと思います。社会からの視線が怖いのなら、自分が思うほど誰も見ていないし、他人の視線ではなく「自分目線＝自分軸」を確立することに労力を費やすことを考えてみてほしいと思います。自分軸を見つけられたら、本当に怖いものなんてそう出てくることはないと思います。

――興味、あるいは逆に恐怖を突き詰めると見えてくるものがあり、自ずと行動につながるかもしれませんね。

石井 はい。これは私より若い世代に対してだけでなく、自分も含めて定年後の生活を考える人にとってもつながることなのではないかと私は思います。

金澤さんのひと言

最初、いしいちゃんとお会いしたときは、童顔で私より年下に見えたので「『おじさんＬＣＣ』に入る年頃ではなさそう」と思ったのですが、おじさんセミナーでの参加者としての発言を聞いていると、「このまま組織の中にいたとしても、成長は望めないから雇用延長なんて考えられない」ということを言っていて、「え?!　何歳なの？」と見た目と精神年齢のギャップに驚かされました（46歳の「おじさんインターン」でした）。

法人営業、人事、広報、経営企画と絵に描いたようなエリートコースを駆け抜けてきて、サラリーマンとして密度の濃い時間を過ごし、やり尽くしたからなのかもしれません。蛇足ですが、いしいちゃんはビールとパフェを一緒に食べることが好きだという、風変わりな一面もあるとても優しい人です。これからの活動から目が離せません。

石井義之さん

Facebook　https://www.facebook.com/yoshiyuki.ishii.75

スキルマーケット coconala　https://coconala.com/users/1374703

ファッションに無頓着なおじさんをオシャレに……定年後はイメージコンサルティングで起業を目指す

――坂井二朗さん（53歳／定年まであと7年）

略歴 １９６８年神奈川県生まれ。大学卒業後、大手コンピュータメーカーに就職。人材開発部に属し、シニアマネージャーを務めている。２０２３年前後に役職離任する予定で、定年まではあと7年。休日にはイメージコンサルタント、婚活支援、ボランティアを複業するほか、ゆるランや銭湯めぐりといった趣味もある。家族は妻と高校生の双子の娘。定年後の理想は、家族が精神的につながりながら、それぞれ自由（場合によっては家族全員別々でも）に暮らすこと。世界5拠点くらいを転々としながら生きることを夢見ている。

資格・取り組み イメージコンサルタント、婚活支援、キャリアコンサルタントの資格を取得。これらを活かして複業を実践している。

営業先企業の影響でファッションに興味を持つように

——坂井さんは大手コンピュータメーカーにお勤めでいらっしゃいますが、この職を選ばれた理由はなんだったのですか？

坂井　私の就職活動は、特色のあるサービス業1社に対してのみ行ったというのが正直でして、それが叶わなかったので、少しコネのあった今の会社に決めたという、ある意味いい加減な理由です。バブルの終わり92年組、半沢直樹と同期にあたりますが、氷河期の方たちからしたらとんでもないおっさんでしょうね（笑）。元々ＩＴリテラシーがかなり低く、テクノロジーにも興味を持てなかったのですが、たまたま配属されたのがファッション業界担当の営業部だったので、頑張ることができたと思っています。

20年以上営業をしても、自社商品に対する知識や思い入れは、他の社員に比べれば薄いと自覚していました。ただ有り難いことに、好きな業界を長く担当させてもらったおかげで、その事業に貢献したいという思いは強く、お客様からもかわいがってもらい、同時にどんどんファッションへの興味が強くなっていきました。その後幾つかの業界を担当した後、若いころからいずれはと考えていた営業職の育成と成果創出を支援する人材開発部に異動し、現在はシニアマネージャーという立場で働いています。

――定年まで7年とのことですが、役職定年はありますか？

坂井　うちの会社ではこれまで55～56歳くらいで役職離任制度があったのですが、今はジョブ型に人事制度を移行している最中です。

ジョブ型というのは、分かりやすく言うと「○○ができる人」「○○に対して責任を持てる人」ということを、年功序列よりも優先するという考え方です。まず仕事の定義があり、そこに選任できる人であれば年齢は問わないということですね。仮に若くても実力があればその役職に就けますし、逆に勤続年数が長くても実力がなければ、そのポストには就けないという仕組みです。

おそらく、うちの会社では近いうちに年齢による役職離任制度は完全になくなると思いますが、逆にいつポストオフされるか分からないことになり、そこはシビアです。

「大手コンピューターメーカーならではの柔軟な体制」

——定年後、継続雇用をした先輩や、意識されている同僚の方はいますか？

坂井　同期は分からないですけど、少なくとも先輩の多くは定年後も雇用を継続して会社に残るケースが増えています。そこそこの実績を持ち良いポジションにいれば、少し前までならグループ会社やディーラー・販社様、パートナー様などに比較的良い待遇で転職することができました。ただ、近年はポストがなくなっています。おそらく年齢が高い人が増えすぎて「ポスト不足」になったのだと思いますが、そのために行き場を失いやむを得ずそのまま自社で継続雇用を選ぶケースが増えているのではないかと思っています。

——給与が減ったとしても、継続雇用を選ばれる方が多いということですね。

坂井　継続雇用の報酬は現役時代の3割程度になってしまいますが、「別の会社に転職して一から始めるよりは良い」と考える人が増えてきているのかもしれません。

――一方、坂井さんは「延長はしない」というお考えで、そのために様々な実践を行っているようですね。

坂井　はい。イメージコンサルティング、婚活支援、キャリアコンサルティングの資格を持っているのですが、将来的にはこれらを組み合わせた形で、ミドルシニア以上の男性の魅力向上につなげられるような仕事で起業できることを目指し、複業を実践しています。この複業に関して、当社には元々ガイドラインがあり認められていたのですが、最近では推奨するスタンスに変わってきています。

――前述のジョブ型のお話と併せて考えると、柔軟な会社ですね。

坂井　だいぶ恵まれていると思っています。近年よく言われる「働き方改革」は、まさに自分たちのソリューションとして扱ってきたものですし、テレワークもずいぶん前からオリンピック・パラリンピックを見据えて取り組んできていましたので。そういった意味では「新しい働き方」に対して、いち早く取り組む会社ではありますね。

「イメージコンサルティング」とは何か

――「イメージコンサルティング」という資格・職業を詳しく教えてください。

坂井　平たく言うと、個人向けのスタイリストのようなものです。例えば、最近はTV局のアナウンサーでもイメージコンサルティングを採用している方が多いです。コンサルタントが個人の外見に対し「好印象を与えるため」のアドバイスをするというものです。確かに日本では馴染みが薄いですが、アメリカでは〝エグゼクティブの三種の神器〟として「弁護士」「カウンセラーやコーチ」「イメージコンサルタント」が挙げられるほどです。日本の男性、特に〝普通のおじさん〟はファッションというか、外見そのものに無頓着な人が多く、どこに行くにもジャージーや膝の出たスウェットパンツでお構いなしだったりします。これから先、ますます高齢者が増えていくわけですが、そんな〝くたびれた印象〟によって、皆さんが持っている素晴らしい内面が周りの人に伝わらないなんて凄くもったいないですし、何かこう……街の雰囲気までくたびれて暗くなってしまう気がします。それよりは、〝普通のおじさん〟こそスッキリとした服を着て笑って歩いているほうが世の中全体も明るくなると考え、イメージコンサルティングを通して明るい社会作りに貢献できればと思っているのです。

――洋服に無頓着なおじさんにはどのように伝授されるのですか？

坂井　何も「奇をてらった洋服を着て目立とう」とか「好きでもない洋服を好きになれ」と言うつもりは全くなく、普通のスタイルをごくシンプルに、ジャストサイズで着られればそれでＯＫ！　そんなことをお伝えしています。

会社に勤めている間は、ある意味で制服としての〝スーツ〟がありましたが、定年後はそれがなくなります。会社とは違う、新しいコミュニティに参加する機会も多くなると思いますが、そういう新たなコミュニケーションの場では、当然良い印象を与えたいですよね。その意味でも、これからは「おじさんにとってのファッション」がより大事になってくると思いますし、そのバックアップをしたいと思っています。いや、ファッションというよりもむしろコミュニケーションの一部としてのセルフブランディングというのが正しい表現ですね。

「イメージコンサルティング、婚活支援、キャリアコンサルティングの複合サポート」

――既にイメージコンサルティング、婚活支援、キャリアコンサルティングの資格を持ち、定年後の起業を前提に複業を実践されていらっしゃいますが、会社に勤めながらのタイムスケジュールはいかがですか?

坂井　月に1~2回セミナーを実施し、そこから個別相談を受けてコンサルティングをするという感じです。

――ちなみに、報酬例は?

坂井　マチマチですが、軽いカウンセリングのみの場合は1時間数千円、ショッピングに同行したり、あるいはお宅に伺ってワードローブを見せていただく場合は2時間で3万円、さらにトータルスタイリングをする場合は一式で10万~20万円などです。政治家などの大物エグゼクティブのお客さまでは、年間契約みたいな感じで定期的にアドバイスをさせていただいたり、イメージトレーニングをさせていただきます。

――需要があるものなのでしょうか。

坂井　いえ、まだまだ限られた人だけが求めるものだとは思います。ただ、この外見を扱う仕事をするのと併せて、人の内面に寄り添うキャリアコンサルタントの仕事にも興味を持ちました。「イメージとキャリア双方の支援を合わせれば、きっとさらに人の役に立てるのでは」と考え、またちょうど会社の業務としても求められていたので、３年ほど前にキャリアコンサルタントの資格も取得しました。また、婚活支援の世界も偶然に知る機会があり、「恋愛や婚活がうまくいかない人は、きっと外見・内面双方に悩みがあるのではないか。そういったことも併せてサポートしたい」と考え、婚活の団体にも所属し、これらの三つが相乗効果を生むモデルを作ろうと考えています。

――そういった意味では、多くの会社員にとって容易くできることではないと思いながらも、定年後に向けた取り組みとしては、好例と言って良いですね。

坂井　そう言っていただけると嬉しいですが、ただし不安もあります。妻がフリーランスで働いているため、こういった仕事の取り組み方には理解があり、娘たちも高校生になったところなので、家族からの反対は特段ないものの、やはり収入面は不安です。今は複業で成り立っていますが、定年後これ一本になったときに「自分がしたいと思える生活」ができるだけの収入を得られるかどうか。やってみないと分からないというのが正直なところです。こういった不安ができるだけなくなるよう、「おじさんＬＣＣ」の皆さんに話を聞いたり、さらなる勉強をしたりしているところです。

「これからの超高齢化社会を明るいものに変えたい！」

――「おじさんＬＣＣ」の一番の利点はどんなところですか？

坂井　やはり、圧倒的に前向きな人が多いところ。そして、前向きな姿勢だけでなくきちんと実践する、または実践しようとしている人ばかりというのが一番良い点だと思います。また、おじさんだけでなく、主宰されている金澤美冬さんが女性という点もすごく良いと思いますね。おじさんの考えだけでなく、また違った視点を得られるという点でも貴重なコミュニティだと思います。今後、「おじさんＬＣＣ」に参加しているおじさん同士がそれぞれの専門性を出し合い、何かを皆さんで作り上げることができたらもっと楽しそうです。今回の本もそういったケースの一つかもしれませんが、そうすればさらに社会に対して強い影響力を持てるでしょうし、おじさんたちを勇気づけることもできるのではないかと思っています。

――坂井さんご自身は、定年後に無事起業できたとして、何歳くらいまで働きたいとお考えですか？

坂井　75～80歳くらいまで元気に働き、遊び、飲み、食べ続けたいですね（笑）。そして、笑って死ねたら本望です。これから訪れる超高齢化社会を明るいものに変えられるよう、私なりに取り組んでいきたいと思っています。

金澤さんのひと言

イメージコンサルタントによっては「こんな服、いくらビジネスカジュアルったって会社に着ていけないよ」と気後れしてしまう服を提案する場合もありますが、じろさんはご自身がサラリーマンとして働いているので、会社で安心して着られて、でもキラリと光るファッションを提案してくれるのが強みです。さらに、キャリアコンサルタントとしてのスキルも活かされているんじゃないかと思います。

「あなた、ダサいわね、これ着とけばいいのよ」とお仕着せのオシャレを押し付けるのではなく、依頼者の話を傾聴し、それから好きなものや似合うものをＴＰＯに合わせてアドバイスしてくれるという寄り添いスタイルなので、服装に関して引け目を感じている人も傷つく心配もなく頼みやすいと思います。

穏やかで理知的な喋り方で、夏休みの宿題は8月31日にやるタイプ（私も同じタイプ）なので、私にとって気のおけない仲間です。

坂井二朗さん

ＨＰ　ミドルシニア男性専門服装コンサルティング
https://peraichi.com/landing_pages/view/jirostyle26

Facebook　https://www.facebook.com/jiro.sakai.98

Instagram　https://www.instagram.com/jirostyle26/?hl=ja

サラリーマン生活からマインドチェンジを定年後は特に〝自分らしさ〟を追求

――百中宏幸さん（64歳／定年後再雇用、65歳退職後は起業を目指しリ・スタート）

略歴 1957年三重県生まれ。高校卒業後、関東の総合化成品メーカーに就職（住宅設備機器事業部門配属）。以来、職住近接の工場勤務の後、本社に転勤。その後、分社化やファンドへの売却などで社名が2度変わることを経験したが、ほぼ半世紀1社勤務。その間、5回の異動を経験。後に都内の子会社取締役を経験後復帰、59歳のときに愛知県の子会社に転属し、単身赴任を初体験。2020年63歳で執行役員の役職定年を迎え、以降は継続雇用でWEBマーケティングと人財育成業務の後進の育成（サポート）の一担当となる。同時期に新型コロナでテレワークとなり、介護が必要な親元の三重県に引越し。以降、65歳起業にむけて、学びと出逢いに投資中。家族は現在茨城県の自宅に妻と長男が暮らし、嫁いだ長女は県内で円満な家庭を築いている。次男は20歳のまま天国から見守ってくれている。

資格・取り組み アドラー式価値観ファシリテーター、予祝講師資格取得。現在、WEBマーケティングのビジネススキルアップと並行してより人間力アップの学びを優先。アドラー心理学や「ワクワクしながら夢を描き切ることで成功する！」日本古来の予祝メソッドを学び、そのアウトプットは自身の実践としてＩＮＧ。

セカンドキャリアの肝になる“自分らしさ”

――百中さんは、現在64歳で現役でいらっしゃいますね。

百中　はい。２０２０年5月役職定年の際、再雇用を選択して残り2年を後進の育成の一担当として会社に残っています。退職まではあと1年足らず……という時期です。

――定年後は、どんな働き方、過ごし方をイメージされていますか?

百中　ひと言で言うと定年後も、「ワクワク働いて笑おう!」です（笑）。人の役に立つことで、自分がイキイキする働き方をしたい。金澤美冬さんが行っているプロティアンの事業と重なりますが、人生１００年時代のセカンドキャリアをワクワク愉しむ人を応援する仕事ができたら良いなと考えています。セカンドキャリアには様々な捉え方があると思いますが、突き詰めると「自分らしさ」が肝なのではないかと思っているんです。サラリーマンを長いことやっていると、「自分らしさ」というものを失う人が多い気がします。

普通に勤めていれば、毎月お給料をもらえる。自分自身を振り返ってもこれは本当にありがたいことですが、一方、会社を退職した後、いざハローワークに行って「60歳以上の求人はありませんか?」と言っても、すごくミスマッチで狭き門だと聞きます。そして、「どんなことができますか?」と聞かれた際「管理職です」と言っても仕事があるはずないですよね。10数年前の先輩は60歳から年金がもらえ、悠々自適に見えました。今は、様変わりですよね。将来70歳まで年金受給ができない時代も来る。その予測のもとで、そのために今何ができるかを考える。

私はまだまだ会社に残ってやりたい仕事もありました。でも役職定年を機に65歳からのリ・スタートの道を考え始めた。最近は高齢者向けの転職サイトができたり、会社が退職後の働き方に対するサポートなどを行うところもあるようですが、それも限られたものだと思います。つまり、何十年か過ごしたサラリーマン経験を活かせる再就職はかなり厳しい、と早めに認識しておく必要があると感じます。「定年退職した後の仕事でも、年収６割は欲しいな〜」なんて話も聞きますが、これも甘いと思います。ここに早く気づいて、何をするかが大事だと思います。そうすれば現役年収の６

割も夢じゃない。それどころか、やり方次第では現役時代を上回る可能性もあるのでは。そう思うだけでワクワクしませんか。
これらを含めて考えると、私自身もまさにそうなのですが、「手放すと得られる」ことを知る。定年退職を機にまずマインドチェンジをしなければならない。サラリーマン生活が長い人のズレた考えにダメ出しするのではなく、そういった方に対し「60歳からの生き方・あり方」をサポートできるような仕事を退職後行っていきたいと思っています。その点、志が近い金澤さんと出会えて、本当に勇気をいただいています。

「〝老活〟サポートをイメージしていたが、セカンドキャリア支援に方向転換」

——今お聞きした定年後のイメージは、ある程度の期間をかけて考えていらっしゃったのでしょうか。

百中　いえ、当初はちょっと違ったんですよ。昨年、父が亡くなったのですが、この前後は〝老活《おいかつ》〟ということにテーマを絞ったサポートの仕事ができないかと考えていました。亡くなる直前、あるいは体が動かなくなってから様々なことを整理したり考えるのではなく、「前もって計画的にやりましょうよ」という活動を支援していきたいと思っていました。しかし、50代の方にとっては、まだこういったイメージがしにくいようで想定していたペルソナ（人物像）が少ない。「では、今の50代の人たちはどんなことを考えて、どんなことをやりたがっているのか」ということを知りたくて、「おじさんＬＣＣ」の門を叩き参加させていただくようになりました。

参加されている全員の方とお話をさせていただいたわけではないですが、おおむね「60歳になったら会社の延長雇用を受けずに、自分自身で生計を立てるなど、新たな道を探りたい」といった人が圧倒的に多い。私自身、コーチングの勉強をしていることもあり、老活サポートではなく「自分らしさ」を一緒に見つけてセカンドキャリアに導いていくようなサポート事業ができれば良いなと思っています。その中で老活のニーズがあれば含めるというカスタマーファーストで。

――そのサポートの仕事を目指すにあたって、目下の課題はどんなことでしょうか。

百中　私自身が実践を積んでいかなければいけないこと。自分自身は普通のサラリーマンの中では様々な体験をしてきているし、コーチングも学んでいる。でも、サポートの実践経験はまだまだ足りないので、こういった経験を増やしていかなければいけないと思っています。

――ゆくゆくはセミナーの講師なども目指していらっしゃるのですか？

百中　それはおこがましい（笑）。ですが、その夢の実現に向けて、まずは、「おじさんＬＣＣ」やセミナーポータルサイトに登録をしてモニターセミナーの経験を積みたいなと思っています。

「避けて通れない〝定年後のお金〟の問題からも、自分らしさを見つけることができる」

――ただ、退職金が潤沢であったり、貯蓄がある人は様々なトライができると思いながらも、例えば住宅ローンやお子さんの学費などの問題で、退職後もお金を稼がないといけない場合はどうすべきでしょうか。

百中　確かにそういう人もいらっしゃいます。そういう人から見れば、先ほど私が言った「自分らしさの追求」みたいなことは、ある意味贅沢な話に聞こえるかもしれません。しかし、こういった収入的な縛りがある人に対しても、サポートはできるのではないかと思っています。例えば、「何にナンボのお金を使いたいか、だからナンボの稼ぎが必要」という「何のために」の構想（私的にはワクワク妄想）を先にして、収支バランスを一緒に考えていきたいと思っているんです。

「月に７万円足りないんです」

「節約できるものないですか。保険を見直したり、自動車を手放してみたりしてはいかがですか」

「いや、それはイヤだから、それだけでは足りないからその分は働きます」

「できるだけ楽しい仕事が良いですよね」

というようなサポートができると思っています。自分一人ではこういった決断は意外と難しく、情報を得ることも大変だったりします。しかし、こういったことを私だけでなく、コミュニティの仲間たちからお伝えできれば、結果的に自分らしさにもつながってくると思うんです。誰でも無尽蔵にお金があるわけではないですし、収入については避けて通れないことでもあると思います。そこも含めて助言して、その人らしい定年後の生活を送っていただけるようなサポートができればと思っています。

「自信を持てない場合は、ネガティブな過去を愛する〝ネガラブ〟思考を」

――本書はもちろん、「おじさんＬＣＣ」でも重要視している「人生の棚卸し」。つまり、定年前にこれまで自分が行ってきたことを一度総ざらいしてみるということですが、ある意味怖いことのようにも思いますが、いかがでしょうか？

百中　そういう意見もあるかもしれませんが、実際にやってみるとすごくスッキリしますし、それこそマインドチェンジのきっかけにもなると思います。私の場合は半世紀近くもサラリーマンでいられたのですが、「じゃあ、それって何でだろう？」「チャレンジさせてくれたあの先輩がいたおかげだよな」みたいなことを思い出してくる。それをたどっていけば、やはりまた「自分らしさ」を再確認できるかもしれません。

逆に「怖い」と思うのはどうしてなのですか？

――いえ、社会に貢献できたのかと自分のやってきたことに自信を持てず、さらに汚れた過去があったりすると封印しておきたいものです。それを棚卸しするのが「怖い」と考える人もいるように思います。

百中　私も他人に言えないような「振り返りたくないこと」だっていくつもあります。ただ、そうやってネガティブな経験をされたことも、「今の自分につながっている」と解釈すれば怖くなくなるのではないでしょうか。

書道家・武田双雲さんの言葉で〝ネガラブ〟というものがあります。これは「ネガティブを愛しなさい」ということです。ネガティブな経験や思考って、必ずしも悪いことではないと思うんです。それがあるからこそ、今生きていると捉えれば良いと思います。特にサラリーマンは、完璧を求めがちなんですよね。でも、人間の魅力って、完璧な人よりは多少の欠点があるほうが人間味があって好かれると知りました。だから、欠点は欠点として、言える範囲でどんどんさらけ出していくように意識しています。

最近、カミさんに言われて、納得しありがたいと思うことがあります。「離婚しないで良かったでしょ。子どものために頑張ってきた私のおかげよね～（笑）」と。仮に過去にネガティブな経験があったとしても、人生はやり直しができるし、そうやって振り返ることもまたマインドチェンジにつながるんじゃないかと思います。

「当たり前のことに感謝し、最期に悔いなく終えられれば成功」

――百中さんは定年退職まであと数ヶ月ということですが、現在はどんな生活や取り組みを行っているのでしょうか。

百中　日曜日の夜は「おじさんＬＣＣ発信部」でブログリレーのフィードバックYouTubeライブ。日曜日の朝６時から「朝活部」。これは三重の『てっぺん』という居酒屋の創業者で大嶋啓介さんが立ち上げられた人間力大学の学び場で、この歳でも一気に人間力が高まったかな（笑）。それから、毎週noteブログの発信。月２でマーケティング講座参加、月３で氏神様参拝などをしています。また毎日のことで言うとウォーキングを毎日５千歩以上行い、トイレ掃除と感謝ワークを行っています。

――「感謝ワーク」とは？

百中　「当たり前のことに感謝する」というものです。「今日も朝日が昇ってくれてありがとう」「今日もきちんと起きられてありがとう」「今日もトイレから水が出てくれてありがとう」というような（笑）。そうすると、不思議と気持ちがスッキリします。ぜひ、やってみると、良いことが起こるかも（笑）。

――最後に百中さんご自身は、何歳くらいまで働きたいとお考えですか？

百中　自分らしく過ごせるのであれば制限は考えていないですね。最期に「俺の人生に悔いナシ！　挑戦に年齢制限なしを貫けて自分らしく過ごせた！」と言えれば良いなと思っています。山登りでも後半が一番キツいんですよ。でも、続いてくる人のために、私が笑って足を前に出し、挑戦し続けることが大事かなと思っています。

金澤さんのひと言

百中さんは雇用継続する場合の理想的なパターンだと思っています。それには三つ理由があります。一つ目は本業でも後進育成というミッションがあるからモチベーションを高く働いていることです。どうしても雇用継続（＝やることがなくてモチベーション低下）で、ほかの社員のやる気低下も引き起こしてしまったりするのですが、百中さんは本業でもモチベーションは高いのです。二つ目は、やりたいことが決まっていてそのために準備を着実にしていること。通常は、何も考えずいつのまにか雇用継続が終わっていることが多いからです。三つ目はとっても元気だということです。60歳で退職した場合と65歳で退職した場合では、普通は体力でも精神面でもエネルギー量がだいぶ違うはずなのですが、百中さんはウォーキングで鍛えていて体力バッチリ、「自称・永遠の5歳児」（否定しません）というだけあって好奇心旺盛なんです。

「暴走機関車」の百中さん、その行動力、いつも本当に尊敬しています。

百中宏幸さん

Facebook　https://www.facebook.com/hiroyuki.momonaka.7

note　https://note.com/hyakko_club

航空自衛隊在職中、大学卒業・行政書士資格取得 退職後に切り開いた〝日本語教師〟の道

――竹丸勇二さん（60歳／定年から6年）

略歴 １９６１年鹿児島県生まれ。高校卒業後、航空自衛隊に入隊。働きながら大学の通信教育を5年かけて卒業。航空自衛隊では、教育職、心理カウンセラー、編成部隊准曹士専任という役職に就いていた。定年時、雇用延長は考えておらず、航空会社、損保会社、警備保障会社などの就職をすすめられたが全て断り、「早くなりたい」と考えていた日本語教師に。退職後に大手日本語学校の専任講師になったが、前職での学生に対する教育法と大きなギャップがあり、新たな教育法を一から学び直す。現在は、日本語教師の経験をさらに広げ、日本で就労する外国人の日本語教育、受入企業側の研修サービス、日本語教師に対する教育メソットの研修を行う株式会社エルロンの執行役員。また、国内外の日本語教師５２０名が集う日本語教師アイディア塾の塾長。今は組織を離れて「個」が自分の足で立つ時代、「仲間を大切にし、共に学び合い、強く、しなやかに生きていきたい」と語る。

資格・取り組み 航空自衛隊を定年退職する2年ほど前より、毎日約4時間の学習を行い行政書士の資格を取得。また、４２０時間の日本語教師養成講座を受け、告示されている学校で働くことができる資格を取得。

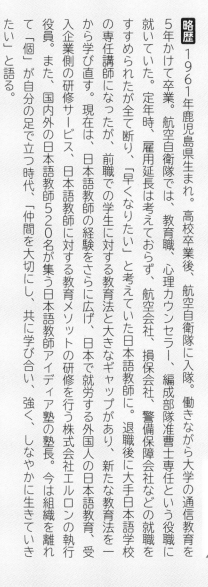

「自衛隊在職中、通信教育で大学を卒業」

――竹丸さんは航空自衛隊ご出身で、外国人向け日本語教師を経て、現在は日本語研修サービスを行う会社の執行役員でいらっしゃいます。経緯を教えてください。

竹丸　はい。中学・高校では柔道をやっており、また高校が越境通学だったため毎日50キロを自転車で移動するなどしていました。

私自身、柔道を真剣に取り組んでいたわけではなかったのですが、うちの高校に陸上自衛隊の方や警察署の方も練習に来ていたんです。また柔道部が県下で1位になったりしていたことで、こういった方から「自衛隊員にならないか?」「警察官にならないか?」とたびたびお声がけをいただいていました。しかし、当時の私はどちらにも興味が持てず、「何がしたいか」を考えた際、「空を飛んでみたいな」と思い、航空自衛隊に就職することを決めました（笑）。陸上自衛隊の方も警察署の方も驚かれていました。入隊してからの夢は、一つは「パイロットになる」、もう一つは「自衛隊の法務官になる」というものです。いずれも中央大学の通信教育から勉強を始めたのですが、職務との両立ということもありましたし、卒論で一度失敗しまして、4年で卒業することができず、5年かけて卒業しました。

――パイロットや法務官にはなれたのですか？

竹丸　それがなれなかったんです。下肢静脈瘤という病気が航空身体検査で発見され、一次試験は合格したものの、結局二次試験で落とされ採用されませんでした。それから15年ぐらいジェット機の整備を行っていました。また当時、自衛隊は自殺率が高く鬱《うつ》になる人も多かったため、メンタルヘルスをフォローする部署ができ、私はそこで隊員のカウンセリングを行うためのトレーニングを受けていたこともあります。さらに、航空自衛隊が事故を起こすと社会からの信頼が揺らぎますので、事故防止のために隊員をよく見て、指導できるシステムを作ろうということになり、准曹士先任制度ができ、その第1期の准曹士先任になりました。航空自衛隊の指揮官が隊員の服務に関して命令を出す前に私のところに来て「こういう命令を出そうと思うが、どうだろうか」という相談に対して助言をするという仕事でした。

「自衛隊では、定年10年前から退職後のサポートがある」

――自衛隊は定年退職が早いと聞いたことがあります。

竹丸　階級によって異なりますが、私の場合は54歳です。自衛隊では定年になる10年前、「業務管理講習」という制度があり、隊員を一堂に集め2日間でいわゆるキャリアカウンセリングのようなことをしてくれます。「あなたが今まで一番頑張ったと思える体験を話してください」「そのときにどんな能力が活かされたと思いますか」という棚卸しをするわけですが、その結果、「今こういう仕事が世の中にありますか」と か「あなたの能力を活かせる仕事にこんなのがあります」といったことを見せてくれるというものです。それを受けた隊員は「じゃあ、自分はこっちのほうに進もうかな」と動機付けをして、10年先のゴールに向かって自分ができる努力をしていくという流れです。

――良い制度ですね。民間企業では退職後のことまでフォローしてくれるケースは稀のように思います。

竹丸　そうですよね。しかし、自衛隊から退職後の仕事をいろいろと紹介してくださるものの、それに対し首を縦に振る人は少ないようです（苦笑）。「自衛隊の仕事は大変だし、もっと良い仕事を世話してくれ！」という人も多いようです。

――この点、竹丸さんはどうお考えだったのですか？　定年退職される2年前に行政書士の資格を取られ、日本語教師育成講座を受講し、告示されている学校で働ける資格を取得されていますが。

竹丸　退職後、私は外国人の方向けの「日本語教師になりたい」と考えていました。その理由は、まず妻が台湾出身で日本語に苦労したから。そして、妻自身、日本ではなく台湾で暮らしたかったようで、私に対して「台湾で日本語教師になれば良い」と言っていました。自衛官では半分以上を教育職に就いていたため、「人に何かを教える仕事は、私にとっても遠くないかもしれない」と思い、日本語教師を志していました。また、行政書士の資格は「日本で働くことを目指す海外の方の在留資格の申請などで専門的なアドバイスができるのではないか」という動機で取りました。ただ、結構苦労して一度失敗し、2年目でやっと試験を通過しました。

——自衛隊での仕事もある中で、行政書士の資格を取るとなると相当な勉強量ではないかと思いますが、両立できましたか？

竹丸　行政書士は毎日4時間学習し、日本語教師のほうは420時間の養成講座を受講して取得しました。確かに大変ではありましたが、割と試験勉強慣れしているところと、特に行政書士のほうはやればやるほど合格が見えてくるのが嬉しく感じられ、それほど苦ではありませんでした。

「自衛隊時代の〝教える〟と、日本語教師の〝教えない〟のギャップ」

——日本語教師のほうは、外国語も喋れないといけないのではないですか？

竹丸　よく聞かれる質問ですが、そうではありません。外国人の方に向けた日本語教育には「直接法」「間接法」があります。直接法は日本語を日本語で教えていくものです。間接法は日本語を外国人の方の母国語で教えていくものです。私が取り組んだのは直接法ですから、外国語が喋れなくても日本語を教えることができました。

――話が前後しますが、航空自衛隊退職後、すぐに日本語教師になられたのですか？

竹丸　定年退職したのが7月でしたが、その年の秋口には４２０時間の養成講座が終わり、すぐに学校を決めて面接をしていただき、採用試験を受けた後、日本語教師として再スタートしました。ただ、航空自衛隊時代とのギャップはすごくありました。航空自衛隊では「これはこうだ」「こうしなさい」と「教育＝命令」だったわけです。しかし、私が入った学校は「教えない授業をする」という学校でした。確かに、学習者の前に立って話すことは慣れているし、冗談を言って笑わせることも得意だったのですが、３ヶ月くらいしたときに校長先生に呼ばれてこう言われました。「竹丸先生、教えない授業をしてください」と。その学校の学習者は留学生が大半で、２年そこそこで日本語をマスターしなければいけません。その後は一人で生活し、疑問があったら自分自身が日本語で周りの日本人に失礼のないよう尋ねたりしないといけなくなる。自分の力で切り抜ける日本語力が必要なのです。それで、普段から学習者が自ら考える「教えない授業」をしているというわけです。でも「『教えない授業』となると何を教えたら良いんですか?」と尋ねたくなりますよね。すると「それは教えられない」と言うわけです(笑)。これは本当に難しくて1年半くらい悩みました。結果的に、学習者を受け身にせずに、学習者同士が考え抜き、自分たちで答えを見つけるという「協働学習」という学習スタイルに行き着きました。

——「協働学習」というと、「おじさんLCC」にも通じそうなスタイルですね。

竹丸　そうですね。教師が一方的に何かを教えるものではなく、学習者同士でグループを作り、提示された課題を皆で日本語で話し、協力しながら解決するというスタイルです。この学校では後に常勤になり、3年勤めさせていただきました。

「準備は不安を消す……定年後のあらゆる事態を想定して準備を」

——その後、その学校から株式会社エルロンという日本語研修サービスを提供する会社に転職されます。

竹丸　一昨年、企業にいる外国人向けの日本語研修サービスを行うため、石川陽子さんという女性がエルロンを立ち上げ、私も執行役員として加わり現在に至ります。

――定年退職をした後、しっかりと別の職業を得ているという意味では好例ですね。

竹丸　ただ、教育サービス職ではありますが、学習者の方々と接していると、むしろ自分のほうが教えてもらっている、磨かれていることに気づく毎日です。学歴や職歴だけでなく、人柄や努力のされ方などを拝見していると本当に頭が下がる思いで、自分もさらに精進しなければと思います。また、確かにエルロンまでたどり着いたことも良かったのですが、2年目に新型コロナウイルス感染拡大が起こり、1年目に築き上げたセミナーや研修事業が全て吹っ飛んだりもしました。すごく残念でしたしショックでしたが、現在はまた違う取り組みを行うなど、まだまだ試行錯誤をしながらではありますが、一歩一歩前進している状況です。

――そういった中、プロティアンという考え方にも出会った。

竹丸　はい。プロティアン・キャリアという考え方は金澤社長から教えていただいたものですが、私自身本当に共感しました。組織や肩書きから離れ、私たち社会人が自分の足で立ち、自分の方向を見定めて歩いていくのに相応しい考え方だと思います。

また、このコロナ禍では予想し得なかった衝撃を受けて、皆さん新たな道を探さなければいけなくなりました。こういった様々な状況に合わせながら、自分のキャリアを変えていく柔軟性もまたこれからの時代に不可欠ですよね。

会社が悪い、社会が悪い、環境が悪い……このように他責になっている人はぬかるんだ道を歩かなければならない場面で、単にハマっていくだけだと思います。どんな事態に遭遇しても、自分の内面から対応していけるよう準備をして、歩き出せるようにすることが大事ではないでしょうか。〝準備は不安を消す〟ものなんですよ。自衛隊では、用意周到な準備というものを叩き込まれました。どんな場面に遭遇し、どんな事態が起きても対応できるように、日頃から準備をして訓練をする。定年後の生活に不安を抱いている人は、とにかくあらゆる事態を想定して準備してみると良いと思います。そのことで、定年後に対する不安は必ず払拭されると思いますし、前を向いて前進していけるはずだと思います。

金澤さんのひと言

「準備は不安を消す」、とても共感します。「定年かあ、どうなっちゃうんだろう。

不安だなあ」と悩むだけでは不安はなくなりません。どんな可能性があるのかを調べたり、自分には何が合うのか考えたり、実際に行動してみたり、そうやって準備することで初めて不安がなくなっていくんだと思います。

竹丸さんと別の機会にお話をしていて、定年退官後のお仕事で自衛隊と違い苦労したことを聞いたときに、「マニュアルがなかったから最初は四苦八苦した」とおっしゃっていたのが印象的でした。大きな組織であるほどマニュアルが整備され、それぞれの課題やミッションが明確になっていると思います。でも退官後はそういうものがなくなるから自分で問いを立ててやっていかなきゃいけないということで、見事にアダプタビリティを高め適応されている竹丸さんはプロティアンです！

竹丸勇二さん

Facebook　https://www.facebook.com/yuji.takemaru7.17

ラジオ　https://stand.fm/episodes/60e956744a799e0007564969

Twitter　https://twitter.com/takemaru_jyuku

定年退職2年前より準備をし、定年後1年半で仕事につながった

――三井宏文さん（62歳／定年から2年）

略歴 1959年大分県生まれ。父親が生命保険会社に勤務していたため転勤が多く小学校を四つ、中学校を二つ転校しながら大分、鳥取、宮崎県などで幼少期を過ごす。大学時代に京都で一人暮らしを始め、家庭教師、映画のエキストラ、中学校の修学旅行の添乗員など様々なアルバイトを経験。大学卒業後、大手損害保険会社に就職。途中、関連会社に出向・転籍するも、基本的には損保営業一筋。その間は仙台、静岡、東京、大阪、名古屋、福岡とたびたび転勤があった。定年退職する2年ほど前より、セカンドキャリアの方向性を考え「定年退職」や「専業主夫」に関する本を60冊以上を読み、実践に取り組む。現在は、個人事業主として人材紹介業、おじさん向けセミナー講師、結婚相談業などを行っている。また、35歳から始めたマラソンはこれまでに315大会に参加している。

資格・取り組み キャリアコンサルタント資格を取得。これを武器に大学のキャリアセンターでアドバイスを行う講師を目指したが、60歳という年齢から書類選考で落とされていた。また、企業向けに研修を行う会社にも講師として数社応募をしたものの、やはり書類選考で落とされた。そういった就職応募の中で、当時人材紹介事業を行っていたプロティアン株式会社の金澤美冬と出会う。そのちにビジネスパートナーとなった。

「宿命だった小中六つの転校」

――お父さまが生命保険会社にお勤めだった関係で、小さい頃は転校することが多かったようですね。

三井　小学校を四つ、中学校を二つ経験しました。転校が多かったことは宿命でした。ただ辛かった記憶はなく、むしろ自分なりには楽しんでいました。例えば、４月１日に転勤があるとします。家族にはその２ヶ月前に会社から内示があります。これは内密にしておかなければいけないことで、３月１日まで誰にも喋っちゃいけないいんです。もちろん、学校の友達にもずっと伝えるのを我慢しなければいけないのですが、「寂しい」という思いは意外となくて、「再来月にはこの学校から自分はいなくなる」「新しい学校はどんなところだろうか」みたいな、楽しむ気持ちのほうが強かったです。

おそらくですが、こういった育ち方をしているので、営業の仕事もスンナリできたし、あらゆる環境に順応する力が培われたかもしれません（笑）。

——後に京都の大学に入学し、新卒で大手損害保険会社に就職されます。

三井 入社後すぐに急性肝炎で入院して、3ヶ月半休職するという新入社員でした（笑）。クビにならなくて良かったですけど、それからずっと損保営業をしていました。やはり転勤は多かったですけど、でも仕事自体は楽しかったし、社会的貢献度も高いし、あと給料も良かったので転職を考えたことはありませんでした。

「継続雇用をきっぱり捨て、セカンドキャリア形成の実践へ」

——定年退職後のセカンドキャリアを意識され始めたのはいつ頃だったのですか？

三井 会社の定年は60歳なのですが、57歳のときに方向性を定めなくちゃいけないなと思いました。今思うと遅いですけど、それまでは「60歳がゴールだ」と思っているだけでした。もちろん、当初は継続雇用も視野に入れていたのですが、人事に聞いてみると「それはないだろう」という雇用条件でした。「継続雇用の間、副業をして新しいことにチャレンジしたい」と考えていましたが、人事部からの回答は「副業はいっさい認めない」と。しかも、継続雇用後は研修も必須ではなく、評価制度もない。さらに、報酬も下がると。

会社によっても条件は異なるとは思いますし、継続雇用を選択する人を否定するわけではありません。ちゃんと中身を理解して自分に合うのであれば、そういう選択も当然あると思います。しかし、私の知る限り「ただ何となく継続雇用を選ぶ」というケースが多いように思います。ということは「別に評価されなくてもいいや」という人だけが残っていくわけですね。これは企業にとっても良くないことですし、私自身もそういう環境に身を置くのはイヤだなと思いました。

こんなやりとりをしているとき、私は大阪に単身赴任で行っていたのですが、黙っていれば同じポジションのまま60歳まで過ごすこともできました。しかし、様々な現実を知るうちに「まず東京に戻ろう」と思いました。人事に「東京に戻りたい」という話をしたら「降格になりますけど、良いですか?」と言われました。「全然問題ないです！　降格してください」と言って、念願叶って東京に戻りました。

東京に戻ってからは「定年」「専業主夫」関連の本を60冊くらい読みました。それらの中には「マイカーを手放そう」「年賀状もやめよう」という、社会を狭めていくことをすすめる本もありましたが、これは収入の問題を解消するためのもの。定年退職後は収入が減ることが普通ですから、「今までと同じ生活じゃダメよ」というもので参考にはなりましたが、直接的な定年後のプランのイメージは湧きませんでした。

そんな中『あゝ定年かぁ・クライシス』原沢修一（ボイジャー）という本に出会いました（第1章参照）。この本は定年前に思い描いていたことと、定年後のギャップを綴ったもので興味深く読みました。著者の原沢さんは58歳で早期退職され、キャリアコンサルタントの資格を取られたそうです。この本を読むまでは、キャリアコンサルタントの中身もよく分からなく、そんな資格があることも知りませんでした。

それで、まず私も真似をしてキャリアコンサルタントの資格を取ってみたのですが、この資格を持って定年後の就職活動をしてもうまくいきませんでした。何十社あるいは大学のキャリアセンターなどを受けても、年齢を理由に書類だけで「ごめんなさい」と断られるんです。正直辛いものがありましたが、「会社には残らない！」という宣言をした以上、後戻りはできません。「もし仕事が見つからなければ、派遣でもパートでもバイトでも良い」と、そういった求人に応募することもありました。ただ、それでもまだ救いだったのは「まとまった退職金がもらえる」「住宅ローンもそろそろ終わる」の二つです。それから、自分で積み立てた個人年金もありました。金銭的にすぐに仕事をしなくても良かったのは、長年サラリーマンをやってきたおかげです。ですので、もちろん会社に感謝もしていますし、それまでの自分の経験も良いことだったと自負しています。でも、それはそれ。「定年はゴールではなくスタートである」ということを、書類で落とされるたびに痛感する次第でした。

「行動したことで、セミナー講師＋結婚相談業＋人材紹介業の仕事を掴んだ」

――「専業主夫」という選択もありましたか？

三井　妻が35年間、国際交流の仕事に関わっていて、幼児から大学生までの子どもたちに英語劇を作ったり、発表に向けての合宿、海外へのホームステイのお手伝いや引率業務をしていました。また、海外の子どもたちやシャペロン（引率者）のホームステイ受け入れのお手伝いなどもやっていました。こういった事務処理を全て一人で行っているため、この際、〝専業主夫〟として妻のサポートに専念することも考えました。しかし、やはり収入が全くなくなるという問題と、せっかく勉強して取得した国家資格「キャリアコンサルタント」が活かせないということで、決心には至りませんでした。

――そんな中、プロティアンと出会うことになります。

三井　相変わらず就職活動を行っていたのですが、ある人材紹介の窓口になってくれたのがプロティアン株式会社の前身である株式会社ＥＤＵＣＩ代表の金澤美冬さんでした。金澤さんから初めてお電話をいただいた際、「できれば直接お会いして話がしたい」「自分の思いを直接聞いてほしい」と伝えました。書類で落とされるばかりで面接まで行けないから、「直接会っていただけないか」と。金澤さんはそのことを覚えていてくれて、後日お会いすることになりました。そこで「おじさん向けセミナー」「人材紹介」をやりたいという気持ちが通じて、ビジネスパートナーとしてスタートすることになりました。

――ほかにもBNI（世界的異業種交流会）に初めて参加された日に、「人材紹介」の仕事をいただいたそうですね。

三井　就職活動をしてもダメなので、キャリアコンサルタントの資格を活かし「人材紹介」の仕事を起業することにしたのですが、BNIでは初めて参加したその日に、初のリファーラル（メンバー同士の顧客の紹介）として内装会社の紹介をいただきました。

BNIというのは「与える者は与えられる」の精神に基づくアメリカ発祥の世界的な異業種交流会です。会員数は1万人を超えており、人と人とが会うと「私はあなたのために何を紹介したら良いですか」といきなり聞き合うというものです。毎週定例ミーティングを行い、人間関係を築き合いながらビジネスを提供し、またビジネスを享受する。個人事業主との接触という意味でもとても意義深いです。サラリーマン時代は、「社会→会社→自分」だったのが、「社会→自分」とダイレクトに社会に接することになるからです。個人事業主がどのように稼いでいるのかを目の当たりにすることで、「こんなことでも稼げるのか」「これなら自分もできそう」「これはできそうにない」などと考えるきっかけになるからです。

またBNIに加入した後、「結婚相談業」をしている池津和子さんと出会い、この仕事もスタートさせました。それまでは「結婚をした人から報酬として何十万円ももらうなんて……」と思うところもありましたが、実際にやってみると、お見合いの申込みや日程と場所のセッティングなどかなり神経を使う仕事だということが分かってきました。それだけに結婚が決まった場合には、本人から「お世話になりました」ということで気持ち良く成婚料をいただけるように頑張っていきたいと思っています。

――定年退職をして1年半でこれだけ仕事や人間関係の幅が広がったわけですが、手応えとしてはいかがですか？

三井　「60歳からの就職先は極めて少ない」ことを知った一方で、自ら動いたことで様々な方と出会い、仕事につながったことは本当に嬉しいことでした。ですので、手応えは感じていますし、やはりアレコレと行動したことでつながったのだと考えています。また、この1年は世界中が新型コロナウイルス感染の拡大で大きく変わりました。生活様式だけでなく現役の方の働き方も変わりましたし、この影響で失業したり、自殺した方も多数いると聞いています。そんな中でも収入を得て、充実した生活を送れていることは、本当に幸せなことだと思っています。

「ネットツールは、定年後のコミュニケーションに不可欠」

――現役時代と現在で、三井さんの１週間のスケジュールはどう変化しましたか？

三井　現役の頃は完全に週休２日でした。稀に休日出勤となったら「ええ?!」とか思って、「絶対に代休を取ってやるぞ」と思ったりしていました（笑）。

しかし、今は「丸１日休み」という日がなくなりました。ただ、朝はゆっくりできて、空き時間もあるので、その合間に趣味のランニングをするようなことはあります。その代わりに「夜にＺＯＯＭでプロティアンの会議がある」「ＢＮＩの定例会がある」みたいことがあるので、日々何かしらの用事が入っています。

忙しく暮らしていますが、今の生活で一番良いなと思うのは「朝９時に会社に行かなくていい」ということです。会社というのはたいした用事もない日でも、朝礼がある朝９時には絶対に出勤しなければいけません。これがなくなったのは嬉しいですね。

もう一つ、良いなと思っているのがＺＯＯＭです。リアルで移動時間を含めて考えると絶対に無理なこともありますが、ＺＯＯＭなら時間の節約ができるわけです。

――三井さんはＳＮＳにも積極的に取り組んでおられているようですが、こういったオンラインに抵抗はありませんでしたか？

三井　ありませんでした。確かに苦手な方もいるかもしれませんが、周りとつながる意味でも必要不可欠だと思います。定年はゴールではなく新しい生活の始まりですし、ＳＮＳやＺＯＯＭといったものは積極的に取り組んだほうが良いと思います。

「サラリーマンは井の中の蛙。定年後に向けてリサーチと行動を」

――現役時代と現在とを比べてみて、どちらが楽しく過ごせていますか？

三井　会社にいた頃が楽しくなかったわけではありません。「転職する」とか「会社を辞める」なんていうことを考えませんでしたから。会社自体もずっと成長していたし、自分のポジションも上がっていき、給料もそれによって増えていきました。それはそれで本当にありがたく、幸せなことでした。原則的に、保険会社の社員は大半が大卒です。しかし、仮にＢＮＩとかに参加してみると、もう学歴とか全然関係ないわけです。そういう人たちが頑張っていたり、自分で道を切り開いて仕事につなげている姿を見て「サラリーマンは井の中の蛙なんだな」と実感しました。

これまでにお話をした通り、定年後いきなり仕事を作るのは簡単なことではないです。でも、自分次第で様々なチャンスを引き寄せることはできるかもしれません。定年後の生活で悩まれている方、不安に思う方はじっくり考え、様々なリサーチをして、行動という意味でセミナーやコミュニティに積極的に参加してみると良いと思います。何か答えにつながること、仕事につながることがあるかもしれませんよ。

金澤さんのひと言

三井さんと接していて思うのが、「いまさら始めても」という言葉を聞いたことがないということです。60代ともなれば人生も後半戦、そんな言葉を言ってもおかしくないのに決して言いません。「新卒で会社に入る」とか「女優になる」とか物理的にムリなこと以外は、全て挑戦しちゃうんだと思います。人はいつからでも挑戦できるし、むしろ定年をしたからこそ挑戦できる！　ということです。

そんな三井さんも定年前は個人事業主、起業なんて思いもよらなかったそうです。でも、実際に再就職活動などの行動をしたことで、こっちの道ではなくてあっちの道！　というのが見えてきて、新たな行動につなげたのです。決して受け身にはならず自律的な姿勢があるからこそだと思います。損保会社でのたくさんの転勤や趣味のマラソンで培ってきた人脈をセカンドキャリアに活かしているというのも、ライフキャリアの集大成という感じで素晴らしいなあといつも思っています。この本を出版するにあたり、特に原稿締切前、本当に助けてもらいました。私はボーっとしている方なので、いつもフォローしてくださいます。感謝です。

三井宏文さん

婚活倶楽部 Just Meet-A https://www.konkatsu-club-jma.com/
Facebook https://www.facebook.com/hirofumi.mitsui.9/
Note https://note.com/runnerhm

第6章

定年後の働き方のパターンとは?

「定年後の働き方は人それぞれ。自分にあった働き方を」

前章では、「おじさんLCC」を中心とした方々のそれぞれの実践を紹介させていただきました。改めて「定年後の働き方のパターン」を紹介したいと思います。定年後のライフキャリアは、組織でのキャリアの延長線上で成り立つというものではありません。ご自身でも気づかなかった意外なスキルが仕事につながることも多いのです。この点を見定めること、そして働き方に対しても、ポッセ（第3章参照）の意見を聞きながら、定年後の働き方を選んでいくと良いでしょう。定年後の働き方のパターンは、主に次のようなものがあります。

アルバイト掛け持ちエンジョイ型

学生時代にそうだったように、興味があるアルバイトに複数手を出してみる働き方。

「いろんなことをやってみたい」「今はまだおぼろげだから、実体験を経て道を絞り込んでいきたい」といった方にも向いています。ライフキャリアシートや第5章で登場したじぃさんが定年後に行おうと準備をしているやり方です。「保育士の資格を今のうちに取得」「英会話を勉強しておけば、採用してくれる保育園もありそう。さらに、外国人への観光案内も趣味の自転車を活かしてできそう」など自律的に自らのライフキャリアのために学習し行動に移しているのが特徴です。

収入確保しつつ準備型

「やりたいことがある」一方、それだけで収入を得られるものではない場合、またはまだ準備がこれからという場合、どこかで収入を得なければいけません。そのために興味がない仕事でも収入確保のためにしつつ、その仕事の比率を減らしていき、本来「やりたかった」ことで少しずつ収入を得られるようにしていく方法です。これは雇用延長やアルバイトをしつつ起業に向けて準備するというやり方で、ライフキャリアシートや第5章に登場した百中さんがそれに近い働き方をしているように感じます（百中さんの場合、雇用延長先でもミッションがあり「興味のないこと」ではないのでそこが少し違いますが……）。

起業（法人・個人事業主）型

「起業」というと、大それたことであり、起業した人の話を聞いても自分には遠い話のように聞こえる方も多いのではないでしょうか。確かに、例えば30代の起業というと全てを投げ売って勝負!! 目指すは上場、従業員を何人も雇って……というイメージをするかもしれません。しかし、定年後の起業は「一人起業かつ一人企業」でやっていくというイメージです。もちろん「これがやりたい」というものがあればそれをやってみるのもいいですが、これまでの経験やスキルを活かして、まずは周りの人の役立つことをやってみたり、ほかの人が苦手にしていることで自分は意外とできちゃうことからスタートしてみるというやり方もありです。

ここで、おすすめ本のご紹介です。

『定年ひとり起業』大杉潤（自由国民社）は定年のない「定年ひとり起業」というスタイルを、マネープランからケーススタディまで解説しています。そして33年間サラリーマンとして働き、57歳で起業したご自身の経験をもとに細く長く稼ぎ続けるための「戦略的な働き方」をすすめています。

次に、起業してみたいけど、特にアイディアとかやりたいことはないんだよなという方におすすめの本です。身近なところから自分が役立つ方法を見つけ出す起業の仕方を提案しています。『僕たちは、地味な起業で食っていく。』田中祐一（ＳＢクリエイティブ）は「すごい人にならなければ」「すごいアイディアがなければ」という考え方でうまくいかなかったところ「地味な起業法」で逆転。自分を主役にするのではなく他人を主役にし応援することで感謝の報酬とやりがいをもらえるようになったことが書かれています。田中さん自身は30代の方ですが、定年後の起業にピッタリの方法ではないかと思いました。

さらにこちらの、ソーシャルビジネスをすすめている『９割の社会問題はビジネスで解決できる』田口一成（ＰＨＰ研究所）もおすすめです。最初、「ソーシャルビジネス？　そもそもビジネス自体が、社会の役に立つものじゃないの？」と思って読んだのですが、このソーシャルビジネスとは「儲からない」とマーケットから放置されている社会問題、例えば、貧困、食品廃棄、過疎化など取り残されている問題にビジネスとして取り組むということだそうです。

サラリーマン時代は一生懸命働いても、あまり社会の役に立っている実感が湧かなかった、という方もけっこういらっしゃいます。そういう方は定年後このような起業をすることにより生きがいを感じられるのではないでしょうか。

長く働きたい方にとって、起業であれば自分が働きたいと思う瞬間まで働けるということは大きなメリットになります。アルバイトなどの「雇われる働き方」の場合、長く働きたいと思っても会社の都合で辞めなくてはならない場合もあるためです。

法人とするか、個人事業主とするかは、事業内容によってどちらが得か考えて決めると良いでしょう。

再雇用について

「おじさんLCC」でよく話題に挙がるのは再雇用問題です。「雇用延長する？　しない？」「雇用延長したのはなぜ？」「雇用延長を1年だけにしたのはなぜ？」「雇用延長しなかったのはなぜ？」など。雇用延長した理由としては「給与が3分の1でもアルバイトよりは高いから、まずはしてみた」「勝手知ったる職場のほうがストレスも少なそうだし、家でブラブラしているより良いと思った」など。雇用延長しなかった理由としては「評価制度がなくなるなんてモチベーションが上がらない、必要とされてない中で働くのはイヤ」などなど。

ここで声を大にして言いたいのは、「収入を確保しつつ準備」のために再雇用を選択するのは大賛成、ただ、再雇用を選んだのに何もしないという選択肢だけはＮＧということです。再雇用であれば残業もなくなり、権限や責任も減っていると思います。そこで発生した時間やエネルギーを次の活動のためにまわさなければなりません。それをしないでいると、再雇用が終了するとともに「ＴＶ前でゴロゴロ、家族には疎まれ、頭も体も使わず健康が損われ、支出だけが増える」こと間違いなしです。例えば60歳で定年、62歳までは再雇用を選択することが金銭面でアルバイトよりもだいぶ有利という場合、その２年の間に準備をしておくべきだと思います。

第５章で登場した三井宏文さんのおじさんによるおじさんのためのセミナー「サラリーマンのみなさん！　何となく定年退職を迎えてはダメですよ！」でもそのあたりの話が出てきて好評なのですが、何も考えずに「再雇用」を選ぶと、その後でとても苦労します。60歳のときのエネルギーと65歳のときのエネルギーは違うということもあります。ここで**「再雇用で得られる経験、スキルやお金」と「再雇用でロスする時**

間や体力」を天秤にかけることが重要だと思います。

再就職（転職）

今の職場で再雇用して部下が上司になって気まずい思いをするよりも、再就職（転職）して心機一転、新しい環境ならやれるかもしれないと考える方はいらっしゃると思います。私も転職エージェントとして活動する中、たくさんの方が就職活動をしているのを見てきました。ここで言いたいのは、相当倍率が高いから落ちても気にしないで欲しいということです。50～60代向けの求人はとても少ないのですが、求職者は逆に多いので求人募集されるやいなや希望者が殺到します。その中で、まず書類選考を通過するのは、求人にもよりますが五十人のうち三人くらいと考えていただいても良いと思います。それも選考で落とされる理由は「大企業でやってこられた方が、うちのような中小企業に来てもらってもインフラ整備がされていないし、ほかの社員がビビっちゃうし……」なんて理由もザラです。それでも「そんな理由は体の良い断り文句に過ぎない。落とされたということは、俺の経験スキルに誇れるものがないからだ」と落ち込んでしまう方もいらっしゃいます。

でも、あなたの草野球チームに大谷翔平が入団したいと言ってきたら？　断りませんか？　グランドも整備されてない、トレーニングルームなんてものはない、栄養士だっていない、満足のいく年俸は払えない……。それと同じです。選考に落とされるとどうしてもスキルが不足しているからだと考えがちですが、実はそうではないということを分かっていただけたらと思います。40年近く働いてきて経験やスキルがないなんてことはあり得ません。ただ単に、キャリアにピッタリくる会社が今の時代にはまだなかったというだけです。本当にただそれだけです。だから落ち込まず、ある程度応募しても脈がなさそうであれば、次の行動つまり定年前のほかの準備やアプローチをしていきましょう。

それから、「再就職とか転職は興味あるけど、落とされたらイヤだな」と頭で考えているだけで履歴書や職務経歴書を書かず、転職サイトにも登録せず時間が過ぎていく方もいらっしゃいます。時間がもったいないので、とりあえず、ダメ元で応募してみましょう。ダメならば確かに傷つくかもしれませんが、次の行動に移せます。頭で考え悩んでいるだけでは、次の手にも打って出られません。「とにかく行動を」です。

ここで、この本を出すきっかけをくださった原口さんのお話をしたいと思います

（表紙で野球をしている方です）。原口さんは毎日新聞社の早期退職制度を利用し、夢だった出版社への転職を果たしたのでした。実は応募した求人には35歳以下という年齢制限があったようですが、それに気づかず52歳で応募して、年齢制限をすり抜けて見事通過したのです。やってみないと分からない、ということです。「どうせダメだろう」と何もしないより、ダメ元でもやってみるほうが後悔は残りません。

原口さんは前職である毎日新聞社の元上司の方々に大変可愛がられていて、退職してからも応援をしてもらっています。これまでのキャリア蓄積（特に人脈）を次のキャリアに活かして働いているパターンです。私自身もその恩恵に与り、毎日新聞社におじさんセミナーを取り上げてもらったりしています。毎日新聞社関連の方々は皆とてもいい雰囲気で、毎日新聞社さんは「面白いおじさんの宝庫」ではないかとにらんでいます。

「どんな仕事をするか」

次に、「どんな仕事をするか」を具体的に紹介します。

定年後の「働き方」の具体例

◆顧問

ここで言う顧問とは、大企業の役員クラスの方が定年をしてその人脈や肩書を活かして務めるといったものではなく、培ってきた経験や専門性を活かし、企業の現場のメンバーと共に実務に乗り出していくようなイメージのものです。

どうやって始めるかですが、「i-common」「サーキュレーション」「KENJINS」などの「顧問マッチングサイト」というものが様々あるので、一度サイトを覗いてみてください。登録方法はサイトにより異なりますが、大体が以下の流れです。

1．プロフィール（経歴、週◯日勤務、現在の仕事、自己PR等）をサイトに入力
2．審査通過後、面接（オンライン面接が多いようです）
3．審査通過後、登録
4．案件があれば、連絡がある（実際はなかなか難しい）

実際に、13のサイトに登録して模索している「おじさんLCC」メンバーでもある**野毛由文さん（38年勤務した株式会社リコーを2020年3月に雇用延長せず定年退職。製造業を中心とした中小企業支援をしている）にインタビュー**して、顧問についての活動をしていて気づいたことを教えてもらいました（野毛さんのHP「ものづくりデザインラボ」https://monozukuri-d-lab.com/）。

〔顧問サイトについて〕
①コーディネーターが媒介する場合は手数料が高く、媒介しない場合は手数料が安い傾向がある
②サイトによって対象が大企業か中小企業か、また支援内容が営業、技術、生産、海

外進出などターゲットが違う。自分のターゲットとマッチするところを見つける必要がある

③経営支援ではなく、人脈や口利きを求められるサイトもある。入会する際に人脈一覧を提出する場合もある。実際の案件は「アポ1件を設定できたら○万円の報酬」など。ホームページで案内されている内容と実際の案件にギャップを感じることも多い。ただ、いくら会社員時代に関係性ができていたとしても紹介するには抵抗があるためなかなか難しい

④ここ1年、顧問サイトはシニア活用を積極的にしていたのが、40～50代の現役に方向転換をしている。その理由としては、コロナ禍でオンラインが発達し副業がどんどん解禁になっているからではないだろうか。競合が40～50代にも広がってきている。3～4年前の書籍を読むと、まだ顧問になりやすかったようだが、だいぶ変化しているように感じている

⑤コロナで変わったことと言えば、全国に支援先が広がったということ。これまでは地元の静岡や近県だけだったのが、オンラインを活用してほかの地域にも手をのばしていこうと意気込んでいる

⑥おじさんもデジタル化は必須だと感じている。ITリテラシーをアップデートさせていかないおじさんたちは、競合からどんどん離脱していっている。ZOOMなどオンラインワークの活用や、SNSやHPで発信していくことも大事だと思う

〔公的支援〕

民間のサイト以外には、現在、公的支援制度を利用して実績を作っていくという方法に取り組んでいる。最初はいくら38年間リコーに勤めていたといっても、個人として中小企業支援の実績はゼロだった。ゼロから1にする際に、「関東経済産業局マネジメントメンター制度・新現役交流会」などを利用するのが有効だと感じている。

さらには、「独立行政法人中小企業基盤整備機構中小企業アドバイザー」や「静岡県産業振興財団専門家派遣」のような国や県の専門家になることで、中小企業支援のチャンスを増やし、経験値を積んで実績を残すことをやっている。

どちらも、中小企業にとって少ない費用負担で済むので専門家に依頼しやすい。そして、顧問契約をするにも初めて会った専門家に依頼するのはハードルが高いが、国や県の制度で派遣された専門家で、しかも実績もある専門家になら依頼がしやすくな

るはずだと考える。

国や県の専門家制度の報酬はそれほど高くなく、さらには企業側が利用できる回数に制限はあるが（年間3回や5回など）、実績を作って経営者に気に入られれば、その後も継続した支援をお願いされる可能性もあり、意味はとても大きい。

国や県の制度では、地元の商工会議所や信用金庫が支援機関として連携することが多いが、その担当者も大切にしている。中小企業に自分がどのようなお役立ちができるかを分かりやすくお伝えすることは大切だ。ただ、大企業出身で上から目線の専門家は企業から嫌がられるため、経営者に耳を傾け寄り添った支援を心がけていることを実際に担当者に分かってもらうようにしている。

〈顧問としての心構え〉

中小企業では大企業に比べてできていないことは多く、それを取り上げて「なぜできていないのですか?」「そんなことも知らないのですか?」は禁句です。それよりも、どこの中小企業にも必ず良い点があるもので、そこを見つけて「ここが御社の強みですね」「すごいですね」「これを活かさないのはもったいない」「社長、この強みを活かすことを一緒に考えましょう」「そのためには、ここを補強し～」としたほうが成果は出ます。大企業で当たり前のようにできていたことでも、中小企業では難しいことがあることを肝に銘じ、大企業での常識で中小企業の粗探しはしていけません。これで失敗するシニアが多いことを、商工会議所や信用金庫から聞くことがあります。
中小製造業は、地味ながらも各産業界のサプライチェーンの末端で一翼を担っている存在です。ここを活性化させることで、日本の産業界の底上げにつなげることができると信じている。さらには、経営者だけでなく従業員ならびにその家族や取引先、また地域の経済・産業の活性化や街の賑わいにつなげることができると考えている。定年後の活動であり、ガツガツ稼ぐというより、自身の経験を活かして、中小製造業を盛り上げ、地域さらには日本の産業界に微力ながら貢献ができればという気持ちでやっている。

以上が野毛さんへのインタビューでした。野毛さんは表紙でバイオリンを持っている方で、ライフキャリアシートも掲載していただいています。たくさんの模索・挑戦をしてイキイキとセカンドキャリアを切り開いていらっしゃいます。

◆講師

「定年になる」ということは、「これまで数十年ものサラリーマンとしての経験、知識、スキルがある」ということです。そういう財産を独り占めにしたままお蔵入りさせず、講師として必要としている誰かに伝えられたら社会にも貢献できます。またご自身も、きっと大きな充足感が得られることと思います。

講師登録エージェントは多くあります。「システムブレーン」や「講演依頼ドットコム」などメジャーなところは多くの講師が登録しています。講演内容は全て自前が基本です。逆に、企業研修中心でカリキュラムやテキストを全てエージェントが準備し、講師は登壇してそれを伝えると役割がはっきりしているエージェントもあり、「インソース」や「リカレント」などがそれにあたります。

ただ、どちらもやはり実績がないと難しいです。まずは、実績を作るためにセミナーを自主開催するところから始めることになるかと思います。最初は「ストアカ」などの教えたい人と学びたい人をつなぐサイトに登録するのもおすすめです。フォームに入力していくことでセミナー開催のために何を準備すべきかがイメージできるようになるためです。さらに「ストアカ」は学びたい人がいるプラットフォームなので、集客も自分のＨＰなどで告知するよりも来てくれる可能性は高くなります。

そして、参加者から「参加者の声」を引き上げることでフィードバックをもらい、実績を作った上で初めて登録サイトに応募するという流れがスムーズです。また、前述の顧問と同様に、商工会議所に売り出していくというやり方もあります。詳しくは、『定年前後の人のための「講師デビュー」入門』鈴木誠一郎（同文舘出版）や『90日で商工会議所からよばれる講師になる方法』東川仁（同文舘出版）などが参考になると思います。

◆ＩＣＴ（情報通信技術）支援員

ＩＣＴ支援員とは、子どもたちに情報活用能力を伸ばしてもらうために教育現場でサポートする専門スタッフのことです。定年後には教育に携わりたい、学校で働きたいという方におすすめです。仕事内容としては、授業で使うＩＣＴ機器の準備や先生や児童・生徒・学生のＩＣＴ機器の操作サポートなどがあります。働き方も、個人事業主、正社員、アルバイトなど様々で週1回から働くことができます。

多くの事業者が求人募集しており、「学校ＩＣＴ化サポート事業者一覧」では、地域による検索もできるようになっています。初めは高いＩＴの知識がなくてもできますが、支援先の学校の機器に慣れたり、ＩＴの進化に伴ってアップデートしていくことが求められます。

ＩＣＴ支援をしている企業で働き、私のキャリアコンサルタント仲間でもある切石明子さんにインタビューした動画もあります。「定年後にＩＣＴ支援員として働く」で検索していただくと動画が出てくると思うのでご覧になってみてください。

◆日本語教師

第５章で登場した竹丸勇二さんが、自衛隊退官後にセカンドキャリアとしてスタートしたのが日本語教師でした。日本語教師になるためには準備が少し大変です。以下のいずれかの条件を満たさなければなりません。

- 「日本語教育能力検定試験」に合格
- 学士の学位を持ち、文化庁認定の「日本語教師養成講座（４２０時間）」を修了
- 大学または大学院で日本語教育に関する主専攻プログラムか副専攻プログラムのい

ずれかを修了

仕事内容としては、日本語を勉強する外国人を対象に、カリキュラムを組み、教材を作成し実際に授業をします。日本語を日本語で教えるので、英語やそのほかの外国語が必要になることはありません。働き方は、個人事業主、正社員、アルバイトなど様々です。竹丸さんが執行役員を務める株式会社エルロン代表の石川陽子さんにインタビューをした動画もアップロードされていますので、気になった方は「日本語教師の実態は？　セカンドキャリアにおススメ？」で検索してみてください。

◆キャリアコンサルタント

私の周りには、定年前後にキャリアコンサルタントの資格を取得する方が多いです。「これまでの経験を活かしてほかの人のキャリアの支援がしたい」「女子大で働けたら楽しそう」など動機は様々です。

働く場所としてはハローワーク、大学、転職エージェントなどがありますが、かなりの激戦です。それ以外で実際にお金になるかというと、なかなか難しい部分はあります。転職エージェントが開催するイベントで学生や転職希望者の相談を一回５００円で受けたり、ＯＢ訪問マッチングサイトで無料相談を受けたりといった方法もあります。

◆タクシードライバー

定年後の仕事としてよく出てくるタクシードライバー。外資系企業を退職後、得意の英語力を活かして外国からの観光客を案内している方もいらっしゃいます。「ドライブが好きだし、いろんな人と話ができることが楽しい」とおっしゃっていました。

ここに挙げた例は、ほんの一部です。ピンと来なかった方はご自身でいろいろと探してみるしかありません。「ドライバー？　ありきたりだな」「日本語教師？　興味はあるけど勉強にそんな時間をかけられないよ」などと思った方、では、どんなことに興味があって、どんなことならやりがいがありそうか、それを考えながら、実際にどんな仕事があるのか探してみることが大事です。

世の中にはたくさんの仕事があり、起業、個人事業主、アルバイトなど働き方も様々です。そのどれが自分に合っているかは自分にしか分からないのです。**「青い鳥症候群」「自分探しの旅」よりも小さい行動をしてみることが大事**です。ほかに良いものがあるんじゃないか？　と思って何も行動しないと、結局何もしないで終わります。**ベストなものがなければ、ベターなものをまずはやってみる**という姿勢が大事です。いつか王子様が……と待っているだけのお姫様でいてはいけません。あなたはシンデレラでも白雪姫でもないからです。

また、**「職種は選ばず、好きな場所で働く」**という働き方もあります。現在金融機関で働いていて、飛行機が好きだから定年後は空港で働きたいという方がいらっしゃいます。空港で働ければ職種はこだわらず、最初は「地上から飛行機に手を振る仕事が良さそう」と思って調べたそうです。しかし、グランドハンドリングスタッフや整備士という資格や経験が必要で定年後に、というのは難しそうだと分かり、フォークリフトの免許を取って入出荷作業をしてみようと考えているそうです。その方はご自身のZOOMの背景も空港にしています。「本当に好きなんだな、ぜひ叶えてほしい!!」と、数年後空港で働いている姿を見に行きたいと密かに思っています。

定年後の最適な「働き方」

現役時代のパラレルキャリアや副業なども同様ですが、定年後の働き方は小っちゃく、少しずつ試していくほうが良いと私は考えています。いきなりドカンとお金を掛ける、やったことのないことに全てを懸けるなどは、リスクが大きく、大きな失敗となってしまうこともあります。

「だからやらないほうが良い」と言っているわけではありません。「やりたいこと」の目標やイメージだけは捨てず、ときに軌道修正をしながら、小っちゃく少しずつ行っていってください。そうやっていろいろと試して実践するうちに、ご自身ならではのビジネスに転じてくるはずです。それで心理的成功を得ることができれば、あなたの定年後は物心ともに豊かなものになっているはずです。

ただ、仮に全てがうまく転がり「成功」に至ったとしても、それがゴールというわけではないのも定年後ならではの話です。定年後、組織が守ってくれない場に身を置く以上、また「人生100年時代」「老後2000万円問題」などもある中では、できるだけ長くこういった「働き方」を継続させていく必要があります。そのため、現役時代にはできた「詰め込んだ働き方」では、いずれ息切れしてしまいます。家族にも迷惑をかけてしまうことでしょう。さらに単に「お金を多く稼げば良い」というのも、プロティアンで考える心理的成功とはかけ離れたものです。

定年後は生きがいを感じられる働き方をして、無理のない範囲で収入を得て、ライフキャリアを高めていくほうが良く、それこそが定年後の生活を豊かにしてくれるものではないかと思います。そして、「働き続ける」上では、アイデンティティとアダプタビリティを高める努力を継続していく必要があり、ライフキャリアに終わりはありません。

「働かされキャリア」と定年後の「働き方」は違う

ただ、「『ライフキャリアに終わりがない』なんてイヤだ」という方もいると思います。しかし、「定年後も働く」ということは、何も「イヤなことをやり続けろ」ということではありません。確かに組織では「働かされキャリア」という言葉に象徴されるように、「やりたいか・やりたくないか」は関係なく働いてきたかもしれません。しかし、やっとその「働かされキャリア」を終えるわけですから、定年以降は自分軸で「やりたい仕事」「生きがいを感じられる仕事」「社会に直接貢献できる仕事」に取り組むほうが良いと思います。

他者と比べる必要もありません。あなたが「良い」と思うことを実践すれば良いだけです。定年後の働き方が安定した後も、こういった実践の繰り返しによってこそ、輝く生活が続けていけます。ぜひ考慮いただき、実践してみてください。

コラム⑤　私には友達が少ない

私は友達が少ないです。学生の頃から続いている友達関係はほんの一握り。ここだけの話、第1章に出てきた四人のメンバーだけです。だからといって、私が特別変人だとか変態だとか意地悪だとかそういうことでは（多分）ありません。ベタベタした関係がなんだか私には恥ずかしいというか苦手で、意識的に友達を作りたいとも思いません。今年大往生を遂げられた名脚本家・橋田壽賀子さんも「友達がいないというのがすごくさわやか」といったことをおっしゃっていて、「ですよね～」と共感してしまいました。

そんな私でも「部活動で大会という目標に向けて皆で頑張る」「学校のイベントを成功させるために力を合わせる」「会社の目標を達成するために皆で連携する」などは照れくさくなくできます。そして「仲間」という言葉にも抵抗感がありません。そこで、「友達と仲間の違い」について調べてみたところ、「友達とは、一緒に遊んだり話したりする人のこと。仲間とは、何かをする際に一緒に取り組む人のこと」とありました。それだ！　と目から鱗《うろこ》が落ちる思いがしました。「何か共通する目的がある」ということは、私にとってとても重要なことなんだと改めて気づきました。

そして「友達」という言葉への自分の中での違和感の正体がやっと分かりとてもスッキリするとともによく人から言われる「おじさんって群れないはずなのに、なんで『おじさんＬＣＣ』に来るの？」という質問の答えも分かった気がしました。そう聞かれたとき、「私だってただ群れるのは好きじゃないし、『おじさんＬＣＣ』のメンバーだって群れたくて来てるわけじゃないんだけど、何て説明したらいいんだろう」と内心思っていたのですが、これからはちゃんと「定年前後のライフキャリア開拓をする目的があるからです」とお答えできそうです。

第３章で「ポッセを得る」ことを推奨させていただきましたが、ポッセとはまさに自分にとって力になってくれる仲間であり、そして自分自身も力を提供する仲間です。こういった提供と享受を続けることができて、共感し合える仲間がいれば友達はいなくても大丈夫です。数はいない。たった数名でも、親身になってくれる仲間がいるほうが、特に定年後の生活においては有意義な存在になってくれるはずです。たくさんの友達より質の高い仲間がいること、これが重要です。私も友達は少ないけれど、この1年で仲間ができてきました。「おじさんLCC」を始めとしたコミュニティの仲間や、第4章で登場した竹丸さんが執行役員を務める会社社長の石川陽子さん（同い年ということや、会社を立ち上げてすぐにコロナが流行してしまったという共通点のほかにも、「教えない学習」への想いなど共通点がたくさんあります）などです。

また、友達から仲間に変わるパターンもありました。20年間、数少ない友達の一人だった社労士の矢羽田梨絵子さんがそうで、お互い会社を立ち上げ、私は「おじさんのため」、矢羽田さんは「働きやすい会社づくり」のために四苦八苦しています。お互いがサボらないように、平日はほぼ毎日ZOOMをつなげて仕事をしては励まし合っており、この1年で友達から「仲間」になりました。

仮に今、「友達もいなけりゃ仲間もいない」「ポッセなんて得られるのか」と思われている方がいたら、現時点ではそのままで大丈夫です。心配しないでください。第3章でお伝えした発信・コミュニティへの参加などの行動、実践を続けていれば〝真の仲間〟は必ずご自身の目の前に現れます。

第7章

ライフキャリア

~家族と傾聴~

定年退職後、「今まで会社で頑張ってきたのだから、これからは家族と向き合う」といった声をよく聞きます。しかし、株式会社マイスター60『定年対策実態調査』によれば、既婚女性の86・5％もの人が旦那さんに「定年後も外で働いてほしい」と考えているそうです。「亭主元気で留守がいい」というのは多くの女性が思うことであり、「旦那さんにはいつまでも健康にイキイキとしていてほしい」という前向きな理由もあれば、「家にずーっといて、朝昼晩と3食作らされるこっちの身にもなってほしい」「料理してくれるのはいいけど台所がグチャグチャでイヤ」「料理の感想を言わされる。私が作っても何も言ってくれないのに」「外出しようとすると『どこ行くんだ？』と聞かれ一日中監視されているようで鬱々としてくる」などの理由（こっちの方が多い？）もあるようです。

ここまでの章では、定年後もイキイキと働くためにはどうしたらいいかということをお伝えしてきました。ここでは、そうは言ってもお家の中にいる時間だってあるのですから家族、特に奥様との関係についてお伝えしたいと思います。なぜなら、男性は奥様の気持ちに鈍感なことが多いからです。奥様が「不満のサイン」を出していても、「俺のところは大丈夫」と気づかないことが実に多いからです。そして、奥様が長年蓄積した想いを爆発させたり、「熟年離婚」という形になって初めて慌てるということも少なくないようです。

そうならないために、今からできることの具体策の一つとして、「傾聴」についてお伝えしたいと思います。「え？　俺んとこは結構よく話すから大丈夫」という方、要注意です。自分ばっかり話して奥さんの話をちゃんと聴いていない可能性もあります。40〜60代の女性と話をしていると「夫が話を聴いてくれない」という方が非常に多いです。そして、それが不満や不信感につながっていきます。話を聴いてもらうことは誰にとってもすごく大事で、カタルシス効果（話してスッキリ、前に進める）のほかにも、信頼関係醸成や自己肯定感アップなどたくさんの良いことがあります。でも、男性は話を聴くことがあまり得意でない方が多いので、奥様の不満につながるのだと思います。以下、よくある悪い例を挙げてみました。

①上司風

奥様が「こんなことがあって困ったのよ」と話したときに、いつもどのように返答していますか？「それはさあ、こうすると良いよ」なんてアドバイスしてませんか？

そんなことは求めていません。上司または上から目線のコンサルのように、解決策を提示してほしいなんて思ってないんです。夫なんだから気持ちを分かってほしいと思っているんです。「そうだったんだ、大変だったね」と、とにかく共感して聴いてくれる姿勢があれば心が通じたと安心します。この人は分かってくれる、味方だ、と思えるものなんです。

②会話ドロボウ

奥様が話しているときに、「それなら俺もこんなことがあったよ」と自分の話に持っていっていませんか？　いつもいつも話を聴いてあげているのに、自分の話をしたときでさえ会話の主役を奪われてしまうのか、と奥様はガッカリしているはずです。もし俺の話をしたいなら、奥様の話が終わった後に、タイミングを見て話してみてはいかがでしょうか。

③自称「聴いてる」

「俺はいつも女房の話を聴いている」という方でよくあるのが、本当に聴いてはいるんだけれど、それが奥様に伝わっていないということです。どういうことかというと、相槌を打たない、無表情、頷かないなど反応がないまたは希薄ということです。そうなると、話している方はまるで石に話しかけているようで、「聴いてくれていないな」と不完全燃焼で終わってしまいます。傾聴とは「ただ聴くこと」ではなくて、「聴いているということを相手に伝えること」だとも言えます。だから具体的な行動としては、自分では少々大げさかなと思うくらい頷いたり相槌を入れたりすることで、まずはちゃんと聴いているということを伝えます。さらに、相手の言葉を「それは腹立つね」と伝え返したり、「それってこういうこと？」と要約や質問をしたりすることでやっと「私に興味持ってくれているのね」と信頼関係が醸成されるのです。

④俺が聴きたいことを聴く

「俺はいつも質問したり、興味持って聴いてる」という方、もしかしたら自分の興味あることだけを聴いていませんか。事実関係の確認、解決に導くための情報収集の質問ばかりだと詰められているように感じてしまい逆効果です。傾聴とは**相手が話したいことを話してもらうこと**を言います。奥様が何を話したがっているのか考えを巡らせながら聴くということ、これを意識して聴いてみましょう。

⑤無言アンコール

「ご飯ですよ」と声が掛かったときに、１回で着席してますか？　何回も言わないと来てくれなかったりすると「なんで何回も言わないと来てくれないのかしら、私のこと、軽視してるわ」となってしまいます。そんなことで？　と思うかもしれませんが、逆に奥様に何度呼びかけても反応がなかったりしたらどうでしょうか？　悲しくなると思います。

⑥俺のタイミングを察してくれ

「俺が聴いてやろうじゃないか。でも俺は自分のペースを乱されたくない。今やっていることを中断させられるのがイヤだ。だから俺のタイミングを察して話しかけてくるのが良い」という方、けっこういるんじゃないでしょうか？　でもそういう方に限って「でも俺の呼びかけには可及的速やかに応答せよ」と言ったりします。ナチュラルにやっている方が多いと思いますが、せめてどっちかにしましょう。俺のタイミングを察してほしいなら、ご自身も奥様のタイミングを尊重する。または俺の呼びかけにすぐに応答してほしいなら、奥様が話したいときに話を聴く。良いとこ取りをしているということは、奥様が悪いとこ取りをさせられているということなのです。

①～⑥までお伝えしてきましたが、当てはまるものはあったでしょうか？　実は私

自身も、特に①と②は無意識に家族や友人など身近な人によくやってしまっていました。カウンセリングを学んで、初めてこれが良くないことだと知ったのです。それまでは「良かれ」と思って上からアドバイスしたり、「自分も自分も」と会話ドロボウをしていました。今はそうならないように意識的に気をつけています。面倒だな、と思うかもしれませんが、人生１００年時代をともに歩むパートナーとの生活を潤いある温かいものにするか、カッサカサで冷たいものにするか、ご自身の姿勢にかかっています。何とか頑張っていただきたいです。

ここでグリットコンサルティング代表の野口雄志さんについてご紹介したいと思います。『定年後の人生を黄金期にする方法』『最強の定年後』（ＫＫロングセラーズ）などの著書があり、２０１４年に定年退職後、コンサルティング会社を起業し、企業支援やセミナー講師として引っ張りだこの方です。野口さんはその著書で、「コンサルティング会社として起業し最も大事なことはまず相手の話を聞くこと。クライアントの話を聞き課題を全て話してもらうことが仕事の成否に関わる。さらに定年後は普段喋る機会が減るのでついつい自分の話ばかりになってしまいがちだが、そうしていると誰も寄ってこなくなってしまうので気をつけなければいけない」とおっしゃっています。実際に、野口さんとお会いすると、話下手な私でも話しやすい雰囲気を作って聴いてくださるので野口さんとお会いした後は、いつも元気が出てきます。自分の話を聴いてもらった満足感もありますし、野口さんに対する信頼も増します。だからきっと私と同じように感じ、野口さんとまた仕事がしたい、と思う方がたくさんいて、野口さんはますます定年後忙しくなってきたんだろうと思います。

ここで言えるのは、「傾聴」が家庭だけでなく、仕事にもそれ以外の人間関係にも有効ということです。特に、定年後はついつい自分の話ばかりになってしまう方が多くなると言われていますので、何とかそこを踏みとどまって相手の話を聴く、ということを訓練していくことで、新しい人間関係が仕事でも家庭でもそれ以外でも築けることと思います。そして、そのことがご自身のライフキャリアをどんどん切り開く要素になることは間違いありません。だから自分のためにも、家族のためにも、「傾聴」を意識してみてください。

コラム⑥　「私の父と私の夫」

私の名前は「美冬」ですが、この名前を考えつけてくれたのは父です。小学生のとき、由来を何度か聞いたのですが、その度に違う答えが返ってきました。「生まれたときに美しい冬の雪景色が浮かんだ」（ちなみに私は９月生まれです）、「お母さんが北海道生まれだから」などはまだ分かるとして、「大学に入学したときにサークルで冬生まれなの？　と聞いてもらえるように」などという小学生の私には理解し難いものまでありました。「サークルって何？」「何でいつも違う答えなんだろう？」と思いつつ、答えは一つではないということを勉強したようなしてないような……。でも今となっては確かに「冬生まれなの？」と聞いてもらい「いえいえ９月生まれなんですよ」と答えるところから会話が始まったりして、父には感謝しております。

先日、「おじさんＬＣＣ発信部」のYouTubeライブで「父の日の結果報告」というのをやったのですが、「母の日はプレゼントがあったのに、父の日はなかった」という声もある中、うちの父はスニーカーを自ら買ってきて私に領収書を渡しました。

そういうちゃっかりした人でもあります。また1年前、私に「がん」の可能性がある、と病院で言われたのと同じタイミングで父も「がん」かもしれない、と病院で言われ、しかし私も父もがんの一歩手前でセーフだったということがありました。その際は「親子だから何か通じるものがあるのかもしれない」と真面目な顔で言った後に「がんもどき親子だ」など親父ギャグを炸裂させたりもしていました。

現在73歳の父は、週に3回は夕食を作っているようで、得意料理はカレーです。現在、徒歩5分のところに住んでいるので、うちにもおすそ分けをしてくれたりしてとても助かっています。そして初孫の私の娘のお迎えという「仕事」もお願いしたりしています。そうすると母は「迎えに行っている間、息抜きができる」と喜んでいます。

1日に1~2時間は散歩に出かけてはいますが、そのほかの時間はスポーツ中継を始め、昔の映画や旅番組など、TVを観ている時間がとても長く、もったいないなあ、と娘として感じています。今の70代なんてまだまだだから、いずれ私の仕事も手伝ってもらおうと目論んでいます。

最後に私の夫ですが、ITエンジニアをしています。インフラ系なのですが、独学で会社のHPを作成してくれたり、YouTubeインタビュー動画の編集をしてくれたり、いつも頼れる存在です。まだ44歳なのでおじさんインターンです。あと10年もすればいい塩梅のおじさんになる、と紫の上を見る光源氏のような心持ちで待っています。

「プロティアン」対談

田中研之輔法政大学教授 × 著者 金澤美冬

現代の日本における「プロティアン・キャリア理論」の最重要人物であり、一般社団法人プロティアン・キャリア協会代表の田中研之輔法政大学教授と対談する機会を賜りました。以下は、対談と同時にYouTube『田中研之輔教授とのプロティアン対談!! 〜「おじさんのライフキャリア開拓本」出版記念〜』にて生配信されたものを一部修正したものです。

金澤美冬（以下、金澤）この度、おじさんのライフキャリア開拓本を出版するにあたり、田中研之輔先生に対談をお願いしたところ、「じゃあ、ライブ配信しちゃおうよ」と軽やかに（笑）。ほんとに急遽、ライブ配信が決まりました。

田中研之輔教授（以下、田中）よろしくお願いします。楽しみにしていました。

金澤　お願いいたします。まずは、先生の本『プロティアン 70歳まで第一線で働き続ける最強のキャリア資本術』（日経BP）からプロティアン・キャリアとその有効性についてお願いします。

田中　分かりました。そもそも私がなんで「プロティアン」の本を書いたかというと、二つ理由がありました。一つは終身雇用の転換、もう一つは働き方改革です。働き方を巡って変化してきているなという認識がありました。それで、日経さんと組んで2019年に出しました。すると、コロナが来た。ただ、その前からダグラス・ホールの「プロティアン」は、その変化に適応する最新のキャリア理論として面白く、日本に紹介しようと思っていました。日本におけるキャリア本を見ると、「キャリア・アンカー」「ライフキャリア・レインボー」「プランド・ハップンスタンス」「キャリア・アダプタビリティ」など、キャリア理論として基礎的なものがいろいろとあるじゃないですか。だけど、マイケル・アーサーの「バウンダリーレス・キャリア」とダグラス・ホールの「プロティアン」というのは、ニューキャリアスタディーズの二大巨頭です。マイケル・アーサーのバウンダリーレス・キャリアは、パラレルとかフリーランスといった言葉ですでに少しずつ紹介はされていました。しかし、「プロティアン」はガバッと抜け落ちている。なぜなら、研究者が紹介しきれなかったからです。

金澤 確かに私がキャリアコンサルタント資格を学んでいたときも、重要な理論としてというより最後のほうにちょっと出てくるといった感じでした。

田中 そうなんですよ。ただ、コロナが来て「プロティアン」に対する注目度もかなり高まってきたと思うんです。なぜなら、ビジネスパーソンや学生も全部含めてですが、我々は社会を生き抜いていく上で、変化に適応することが皆にあてはまることなんだと感じたモーメントだと思うんです。実際、2021年の年明けに4媒体で「プロティアン」が流行語になりました、HR（人的資源）業界で。だから、それぐらい金澤さんの先見性があったなって（笑）。逆に聞いてみたいんですが、株式会社化が早かったですよね？　だって、私がコンタクトを取る前に会社は登記していたから。

「早い！」と思って（笑）。

金澤　そうなんです。「プロティアン」に魅了されて、社名まで「プロティアン」にしてしまいました。どうしてかというと、「組織任せにしない自律的なキャリア」っていうところがいいなと思って。

田中　ビビッと来た？

金澤　そうです。おじさん専門のライフキャリアコンサルタントとして活動していって、どうしたら定年をしてからも活躍できるかと考えると、定年時にいやがおうにも組織から離れるとなったときに、じゃあ「組織任せにしない自律的なキャリアを築いていく＝『プロティアン』」

田中 研之輔（たなか けんのすけ）

社会学博士／法政大学キャリアデザイン学部教授／一般社団法人プロティアン・キャリア協会代表理事／GLOSA代表取締役

1976年東京生まれ。一橋大学大学院博士課程修了後、日本学術振興会特別研究員（PD：一橋大学／SPD：東京大学）としてメルボルン大学、カリフォルニア大学バークレー校で客員研究員を務め2008年に帰国。専門はキャリア論・組織論。経営と社会に関する組織エスノグラフィーに取り組み、「アイデンティティ」と「アダプタビリティ（適応能力）」の観点から、環境に流されるのではなく主体的に変形させるプロティアン・キャリアを提唱する。現在は、大学と企業とをつなぐ連携プロジェクトを数多く手がける。主な著書に、『プロティアン　70歳まで第一線で働き続ける最強のキャリア資本術』（日経ＢＰ）、『ビジトレ―今日から始めるミドルシニアのキャリア開発―』共著（金子書房）ほか多数。

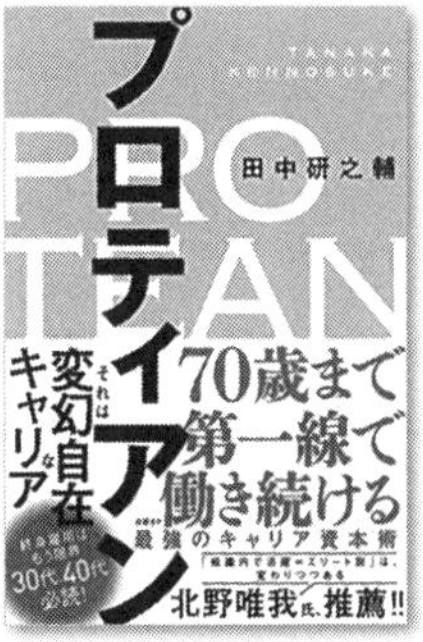

『プロティアン　70歳まで第一線で働き続ける最強のキャリア資本術』（日経ＢＰ）

だとビビッと来て、「プロティアン」で登記しちゃおうと。調べたら、ちょうどその同じ月に田中先生が本を出されていたので、「どうしよう、パクリだと思われたら」って（笑）。だから最初に田中先生から連絡をいただいたときは、「ヤバい、怒られるのかな？」って（笑）。

田中　怒んない、怒んない（笑）。実は私、「プロティアン」という言葉をネット上で検索しているときに金澤さんを見つけたんです。そして、私がプログラム開発責任者である令和2年度のスポーツ庁委託事業「アスリートキャリアコーディネーター育成プログラム」に講師として金澤さんにご依頼をさせていただきました。それが、私たちの始まりですね。

「プロティアン」を届けなきゃというモチベーションがあるんです。「届ける」ということは、コアに届けることとマスに届けることの二つのやり方があって、やっぱり「プロティアン」というのはコア層にしっかり届けながら、でもマスリーチもすごく大事なんですよね。プロティアン・キャリア協会も研究会も金澤さんも皆で組んで、皆で届けていくっていう動きがこの1年で出来上がってきて、今ようやくスタートラインという感じですね。

金澤　お伺いしたかったのが、「組織が主役のキャリア」から「自分が主役のキャリア」というところです。これは、かなり難しいと思うんです。先生の本の中で、先生ご自身も「組織に身を任せて、目の前の仕事をこなす社会人だった」と書いてあり、全く想像がつかないんですよ。

田中　カリフォルニア大学バークレー校で客員研究員などをやって、２００８年４月に法政大学に着任しました。もちろん大学で教えるのですから、ちゃんと伝えなければなりません。それから、会議も出る、教授会もあります、大学院もありますとか日常が動き出します。それが1年経ってみて、こういう感じか……と。で、2年目はほかの大学との兼務もしながら自分のキャリアを形成していくのですが、これを3年やったときに気がつきました。「自分は何か専門的に新しい知識を届けているのだけど、このまま行くと自分の成長って何なのよ?」と。

そう感じませんか？　社長業もそうじゃないですか？　リーダーって届けていくときはいいのだけれど、自己成長ができるかという永遠の問いがあるんですよね。僕はこのまま大学で20年間働くということに不安を感じたんです。「このまま学生に届けていくことに、もちろんやりがいはあるけど、いいのだろうか?」と思ったときに、ソフトバンクの孫正義さんが「後継者育成プログラム」をツイートしているのを見て、「あれ!? これ面白そう」って飛びついていって。

もちろん、そのときは「プロティアン」というよりはキャリア開発とかキャリア論、働く人々に寄り添うとか、キャリアはいつからでも開発できるみたいなことは大事にしようとは思っていたんです。そのあたりがスタートでしたけど、やっぱり「プロティアン」と出会って向き合い方が変わったよね。働き方も劇的に変わったと思う。

例えば、教授会です。正直、この3時間が辛くて仕方がなかった。なんでこんなことに全教員が出て議論しなければいけないのかが分からなかったんですね。でも、これではマズいと。なぜなら、この3時間はまた来る。これが組織人だから。要は、自分の意思決定で何もできない3時間がまた来ると言われたとき、向き合い方を変えなければいけないとは思っていたんです。

それで「プロティアン」に出会うと、「プロティアン」は主体的に向き合うから、この3時間を自分のキャリア形成をしていく時間に最大限に変えようと思った。例えば、教授会の提案事項や審議事項に関して自分なりの解釈を持つようになる。発言が回ってこなくても。メモを取ったり、自分だったら司会進行をこうするということを考え出したんです。それは、自分の人生の中では劇的な変化で、トランスフォームさせたんだよね、働き方とかを。すると、目の前の業務とか日常の一つひとつが、自分軸でやれるようになってきたんです。

金澤 同じ場所にいたとしても、自分次第でできる。

田中 そう。でも「プロティアン」に関して取材を受けたりすると、「『プロティアン』とはほかへ移動していくこと」と受け取られちゃうんだよね。

金澤 ある！「転職を何回もしている。だから私は『プロティアン』だ」みたいな。

田中 そう。でも、それは one of them なんだよね。否定はしないんだけど、そんなことは言っていなくて、「それはカメレオン・キャリアですよ」って。

金澤 軸がない。

田中 そう、表面だけ変わっていくっていう。そうではなくて、大切にしたいのは内面的な醸成。だから、僕が『プロティアン 70歳まで第一線で働き続ける最強のキャリア資本術』でも言ったように、六つの「プロティアン」のキャリアの軌跡があって、その場にいながらもキャリア形成はできるし、もちろん新しいチャレンジをして結果的に組織を移動していくのもアリだしっていう感じなんですよね。その辺が、なかなか届かないんですよね。

僕が伝えたいのは、焦る必要は全くないし、人のスピードに合わせる必要はないということです。ただし、世の中の変化に対して疎すぎるのはマズいとも思っているんです。例えば、DXが進んで今はコンビニもキャッシュレスです。つまり、店員さんがいなくてもお金のやり取りができちゃう。Amazon Go みたいな世界がおそらく5年で来るなとか。結局、テクノロジーが未来を作っていくんです。しかし、そのときに翻弄されちゃいけない。テクノロジーをより良く使いこなす主体になってほしいと思うんです。全ての人がね。それが、「プロティアン」の根本の思想にあるんです。

金澤 翻弄されているだけだと、どんどん流されるだけで。

田中 そうそう。だから今、マイケル・オズボーン（AIと共存する「ニューノーマル時代」を説くオックスフォード大学教授）が言っている雇用の未来。2050年で今の仕事の49％がなくなると。僕はこれを全く否定的に考えてない。だったら、もっと自分たちができることを探せばいいと。ただ、その探せばいいというときの、探し方は訓練しておいたほうがいいんです。だから、変化に適応して自分をそこにフィットさせていく練習をしておいたほうがいいですよってことは伝えているんです。

金澤　今回出す本は、おじさんたちが定年後もイキイキと自律的にキャリアを築いていけるかという、50～60代のおじさんのための本になる予定です。そういう方々がどうしたら「組織が主役のキャリア」から「自分が主役のキャリア」で、しかも社会の動きに適応しながらやっていけるのか、何かコツのようなものが……。

田中　あるある。二つ届けたいと思います。一つは、結構皆さん元気ですよ。ここから20年30年、まだまだ元気ですよと。もう一つは、これまでにあなたはいろいろなことをやってきていますよと。

つまり、いつからだってキャリア開発できるよねっていうことだと思うんです。だって皆さん平日の昼間から筋トレしているじゃないですか（笑）。トライアスロンやっているじゃん、テニスやってるじゃん。やっているんだったら、もうちょい自分なりにそのパワーを社会問題の解決とか、自分のキャリアの社会内存在を50～60歳の間に考えておいてもいいですよねってことなんです。老後の人生は、やっぱり自分でデザインしていかないと。そこからは誰も用意してくれないということなんです。これにいち早く気づいて、50～60歳くらいから慣らし運転をしておいたほうが良いと思うのです。だから、組織の中で業務をやっている今のうちに、自分のその先の人生の慣らしを、二刀流でも三刀流でもいいけど、準備はしておかないと。

金澤 そうですね。本当に分かります。私自身も10数年しかサラリーマン経験っていうのはなかったのに、その10年ちょっとでも組織に任せる癖がついてしまっていて、脱却するのにものすごい時間がかかりました。今もまだ苦労しているところではあるんですけど（笑）。だから、40年サラリーマンとして頑張ってきた方たちは、もっともっと苦労するだろうなと思って。

田中 そう。だから、退職されて姿が見えなくなるっていうキャリアモデルがあると思うんです。「○○さん、××会社の部長さんにまでなったらしいよ。素晴らしかったね。その後、退職をしてから何をしてるのかは分かんないけど……」みたいな展開。それはそれでいいんです、その人が本当にハッピーなら。でもね、「もうチョイできるぜ」って皆が思っているんですよ。その「もうチョイできるぜ」とか「もうチョイやりたいぜ」って思っているにもかかわらず、訓練をしていないと、組織内キャリアの組織がガバッと外れちゃったときに、すごくアイデンティティ喪失に陥るのです。これは個人の問題ではなくて構造的な問題で、必ずみんなが陥るのです。多分このまま行くと僕自身も陥ると思っているわけ。

組織を出ていって、どっかでやっていますっていう話になったら、やっぱり見せないといけない。見せるというか伝える。自分のまわりには、副業をしながらとか会社経営をしながらとか、大企業にいながら新規事業をやるとか、一緒にやろうとかいろいろなお話をいただいてますけど、すごい活発な人たちが多いですよ。

金澤　そうですね。「おじさんＬＣＣ」でも定年をした人と定年をする前の人がいるのですが、皆さんすごく活発です。切磋琢磨されています。ダイエット部とかもあるんですけど、皆で頑張っているし、YouTube Live配信を60歳になってからやったりしていますし、まさにこれからだと。

田中　そうそう。だから、金澤さんの取り組みが素晴らしいと思う。というのは、意外と人間は一人だと難しいんですよね、基本的に怠惰だから。一人でやると「もういいや」って思っちゃう。だけど、仲間がいるというかコミュニティがあると、「いやいや、5回は腹筋しとくわ」「明日は6回」とか継続しなきゃいけない。

『プロティアン〜』にも書いたんですけど、キャリアは時間軸で捉えることが大切なんです。「キャリアは一日にしてならず」だから。例えば、今日だけやったって意味はないんです。一人で自分の部屋で何か全てを完結させて、トレーニングから食事からストイックにやってフィットネスしていって……。「それで一人でやってどうすんの?」みたいな(笑)。ただ過程を皆で、「おじさんLCC」のようなコミュニティがあって共有するとか、そこで話しているのがFacebook上に流れてくるとかって、やっぱり皆さんの中での発信が届くんだよね。

金澤 そうですね。そこが大事だなと思っています。それにアイデンティティも一人で考えているだけでは意外と分からなくて、人によっては自分で自己分析をすればいいじゃないとか言うんですけど、そうではなくて、人と接することで「あ、この人と私は違うんだな」とか「この人はこう思ったけど、私はこう思う」とかで、やっと明らかになってくると思うんですよね。だからこそ、コミュニティでやっていくべきじゃないかと。

田中 そうなんです。キャリアはね、ちょっとこれ名言行くよ(笑)。「キャリアは一人で悩んでいては解決できない」んですよ。絶対に!!

金澤 そう思います(笑)。

田中 皆で考えるっていうこと。もうこれだけ。一人で悩んでいる人には、解決の道が見えない。

金澤　ＹＥＳ!!

田中　皆で考える。「悩む」と「考える」は違うからね。考えながら突破していく。これは、私が映画『キングダム』を観てヒントを得た（笑）。「人生には二つの道がある。茨の道を行くのか、そのまま行くのか」って。別に「プロティアン」は茨の道を選ばなくてもいいんだけど、主体的に選択するってことなんですよ。だから、もう変わっていくんじゃないかな。だってそういう意味では、30年前の60歳と今の60歳って全然違うよ。

金澤　絶対違いますよね。自分のやりたいことで、今まで組織ではできなかったことを、定年後もできたりとかするので、そこがすごく楽しいなと思っています。先ほど先生が、組織内でまずはキャリアを練習してみるとおっしゃっていましたが、もし今定年した方だったら、今からでも間に合う、やるべきことっていうのはありますか？

田中　あります。いきなりゼロイチのチャレンジはなかなかハードルが高いと思う。ただ、「目のつけどころ」は決めたほうが良いと思うんです。それはどこにあるのかといったら、「プロティアン」で言うと「キャリア資本」です。これまで何十年間か働いてきた中で、皆さんには強みがあるんですね。これを棚卸しと言っても良いけれど、僕の場合は「資産の計算」という形で考えたんです。

「ビジネス資本（ビジネス経験で身につけることができる知識やスキル）」と「社会関係資本（職場・地域・プライベートで得られる人脈やネットワーク）」の二つが経済資本に転換し得る（二つの資本を利用して報酬を得られる）から、どういうビジネス資本、例えば、法人営業をやってきたとか新規事業開発をやってきたとか、あるいは人事とか法務をやってきたとか、外国と商談をやってきたとか、それで培ってきた知識というのは、例えば若手は知らないから市場となる。ビジネスというのは、基本

YouTube 生配信中の田中研之輔先生（右）と著者

的に原理のズラしなんです。知見に対して知らない人がいれば、そこに伝えるということが働く。例えば、コンサルティングもそうだし教育もそう。知らないことを伝えていく。だとすると、この人が持っているここを自分で把握できたら、だいたい自分でやれる市場というのが分かってくるんですよね。

僕もキャリア相談をやっていますが、よく聞く話があります。退職金をもらって、そのうちのいくらかをどこかに投資する。今まで株式投資など一切やったこともないのに。結果、いきなり目減りして「もう600万円マイナスです」となってしまう。これ、本当に不思議です。

金澤 それまでにやっていないんですよね。

田中 そう。確かに、やっていないからやることはプラスというか、人生経験としてはいいんだけど、「そのときの選択なの？」と思うわけです。そのときからやるべきことは、ある種の生活のダウンサイジングだと思うんです。だけどそこで、自分のやりたいことを犠牲にせず、今まで培ってきたビジネス資本を活かしてベット（賭け）していく。それを伸ばすように。

だから、今僕自身も75歳以降をどうしようかなっていうプランはたまに考えています。どこに社会の問題があるかなって考える。今まではは大学でやってきたけれど、今度は例えば高校生にショックを与えるのって大事だなとか。ただ、それを70歳ぐらいになった人が言っても、なんか仰々しいから、自分をアバターにしてeラーニングでオンラインにして海外展開するとか、そういうこと考えている。

金澤 そうなんですね。70代では。

田中 そう。例えばね。そうすると、そのときに考えている「なんかこれやりたいな」みたいなことの練習をしていくんです、いろいろな事業で。そうすると、やっぱりビジネスというのは打席に立った人が勝つんです。打席に長く立ち続けて、何本も何本もセンター前ヒットを打ち続けようとする人が誰よりも成果を出す。それを、それまで外から見ていたのに、いきなり65〜70歳になって打席に立っても遅いのです。

金澤 そうですね。今まで全然やったことがないのに、いきなり蕎麦屋さんをやってみようとか、喫茶店をやってみようとか、関係ないところでホームランを打とうとしてもなかなか（苦笑）……。

田中 無理だと思います。パン屋さんをやりたい。週末の練習をもう10年くらいやっている。まず友達に配ってみたら「おいしいね」って野菜をもらった。野菜をもらった3ヶ月後には2000円をくれるようになったとか。そういうことをやっているとパン屋への道の練習をしている。だけど、いきなり新しいことをやろうとするっていうのが人間の特性なんだろうなと思って。いきなりジャンプアップしようとする。それでは経済の荒波にバコッとやられてしまいます。それはそれで経験なんだけどね。

金澤　でも、だいぶ痛手になるから、そうならないよう徐々にということですね。もう一つ、現代のサラリーマンが置かれている状況とそれに対する基本的な姿勢、対策、考え方について改めて聞いてみたいのですが、いかがでしょうか?

田中　客観的に見て、今はかなり大きな変化のときだと思うんです。組織内でやらされていたキャリアでよかった人たちが、やらされたままだったらちょっと生き残れない。ならば、主体的に何かを考えなければいけない歴史的転換期にあると思っています。それが、今のサラリーマンが置かれている状況だと思います。

おそらく、この2~3年で決定的な格差が出てくる。僕は企業側の人事制度のアドバイザリーもやっています。今そこで何が起きているかと言うと、例えば挙手制で仕事を取っていくとか、自分でチーム編成をするとか、複数業務をプロボノ的に担うとか、より働き方の決定権が委譲されていくような人事制度になってきています。なぜなら、そうしないと企業が生き残れないからです。経済成長と賃金の問題です。かつての高度経済成長期のように、ガーンと経済が伸びて株価も上がってということは今後難しい。もちろんコロナが明けたら経済復興はするものの、重要なのは賃金、働く時間が長いということです。会社はこれまでのように誰にでも賃金を払うということはありません。そこでまた滞留が必ず来る。この滞留に関して、自分でしのげるしなやかさ、それを「プロティアン」と呼んでいるのですが、そういう働き方はやっぱり今から練習しておいたほうが良いと思います。そうしないと、格差をつけられてしまうのです。

金澤 「プロティアン」であれば、何とかしのいでいける。

田中 いける。変化に適応しようとするからね。アイデンティティとアダプタビリティで、自分らしくありながら変化に適応しようとするから。だから、これから10年ぐらいを見たときに、やっぱりキャリア論の知見で、今の2020年とか2021年の英文のキャリアスタディでのジャーナルを読んでいると、「プロティアン」ほど体系的な理論は出てこない。それほど「プロティアン」は重要な考え方です。だから、会社名に付けたというのはすごいなって（笑）。

金澤　ありがとうございます（笑）。今後、退職後の生活や労働を国や社会で面倒を見られるかと言ったら見られない、自分で何とかしてもらわないといけない。だからこそ、社会的にこの「プロティアン」という概念はすごく大事だと思っています。

田中　いや素晴らしい、一緒に応援します。そういう応援本になったらいいですよね。そんな応援本を掲げるリーダーとしては最適な方だと思うんで、金澤さんは。そういう意味では皆がついていこうと思える人だから。そういう本になっていただければと思っています。

金澤　ありがとうございます。

おわりに

最後までお読みいただきありがとうございます。

最近、私のまわりの50~60代を見ていて思うのは、定年後も活躍できる人は、「影響される力」を持っているということです。「影響力」ではなく「影響される力」です。

積み上げてきた経験があるから「俺流」は曲げられない、社会がどうなろうと俺のやり方で乗り切ってやるというのも、それはそれでカッコいいのですが、それだとどうしても停滞してしまいます。

そうではなく、同年代から、若い人から、女性から……誰からもどんどん影響を受けて自分をアップデートできるかどうか。これが定年後、みずみずしいライフキャリアを築くコツだと思います。

私のまわりの方々は、「あの人が楽器をやってて面白そうだから僕もやってみよう」「こんな仕事があるというので挑戦してみよう」「Twitter？　やってみようかな」と、いとも簡単にまわりの人から影響されて次々と新しいことに挑戦しています。
60年生きていても初めてのことってたくさんあって、チャレンジをしていくその過程自体を楽しんでいるようにも見えます。そんな姿を見ていると、こちらも歳を取ることが怖くなくなります。若者にもそういう姿を見せることで、社会も元気になっていくのではないでしょうか。

十人いたら十通りの定年があります。勤めてきた会社、家庭、経験、スキル、性格、価値観、やりたいことの有無や内容など、全く同じ人なんていないからです。だからこそ何を楽しいと思うか、どんな課題があるのか、社会で自分の何が重宝されるか、いろいろなことを試してみるしかないのです。やってみたら想像していたことと違うことばかりだと思います。その模索自体に価値があり、ご自身のライフキャリア開拓に大切なことだと思います。

そして、その模索した過程と結果が「定年後にイキイキと活躍する事例」となり、結果的にこれから定年を迎える方々の希望になっていくことと思います。

金澤 美冬

金澤美冬（かなざわ みふゆ）

プロティアン株式会社代表取締役・キャリアコンサルタント

2004年早稲田大学政治経済学部卒業後、三菱倉庫、JACリクルートメント、帝京短期大学（キャリアサポートセンター）等を経て18年に転職エージェントとして独立。50～60代の方からの転職相談が非常に多いものの、求人が少ないのが現状。「残念ながら紹介できる求人はありません」と言い続けることに苦痛と無力感を覚え、一念発起。50～60代の方が重ねてきた経験、身につけたスキル、知識を活かし、自律的にライフキャリアを開拓するための支援を行うことを決意。定年前の準備や定年後のセカンドキャリアを支援するため、おじさんLCC（ライフキャリアコミュニティ）、おじさんによるおじさんのためのセミナーを運営している。

おじさんの定年前の準備、定年後のスタート
今こそプロティアン・ライフキャリア実践！

2021年9月22日　初版発行

著　者　金澤美冬
発行者　野村直克
発行所　総合法令出版株式会社
〒103-0001 東京都中央区日本橋小伝馬町15-18
EDGE小伝馬町ビル9階
電話　03-5623-5121
印刷・製本　中央精版印刷株式会社

落丁・乱丁本はお取替えいたします。

ISBN 978-4-86280-816-5
総合法令出版ホームページ　http://www.horei.com/